Ursula Lassert

Bergedorfer® Grundschulpraxis

Englisch

3. Klasse

Band 1

Persen

Persen Verlag

Gedruckt auf umweltbewusst gefertigtem, chlorfrei gebleichtem und alterungsbeständigem Papier

1. Auflage 2003

2. Auflage 2011

Beratende Tätigkeit: Dagmar Hüserich
Illustrationen: Marion El-Khalafawi
Satz: media.design, Neumünster

ISBN 978-3-8344-**3954**-3

Inhaltsverzeichnis

1 Didaktische Überlegungen 5

1.1 Der Fremdsprachenunterricht in der Grundschule 5
1.2 Ziele des Englischunterrichts in der Grundschule 5
1.3 Die geeignete Lernatmosphäre 6
1.4 Anleitung zur Eigenverantwortlichkeit 6
1.5 Die mündliche Sprache 6
1.6 Lesen und Schreiben 7
1.7 Die Verzahnung des reproduzierenden und des produzierenden Lernens 7
1.8 Das Prinzip der Einsprachigkeit 7
1.9 Der Einsatz der Arbeitsblätter 8
1.10 Mit vielen Sinnen lernen 8
1.11 Partner- und Gruppenarbeit 8
1.12 Grammatik und Nachdenken über Sprache 8
1.13 Die Verwendung von Ritualen 9
1.14 Der Wortschatz 9
1.15 Interkulturelles Lernen 9
1.16 Fächerübergreifendes Lernen 9

2 Hinweise zu den Unterrichtsstunden 10

3 Tabelle: Themenübersicht 11

4 Spiele 12

5 Unterrichtsstunden 1–40 14

Stunde 1 Great Britain and the English language 14
Stunde 2 Saying hello 17
Stunde 3 That's me 20
Stunde 4 How are you? 25
Stunde 5 How are you? 27
Stunde 6 Introducing 31
Stunde 7 Asking names 33
Stunde 8 Introducing/Adjectives 35
Stunde 9 Colours 37
Stunde 10 Colours 41
Stunde 11 Numbers 44
Stunde 12 Numbers 47
Stunde 13 Telephone numbers 50
Stunde 14 School things/Numbers/Colours 52
Stunde 15 School things 54
Stunde 16 Numbers 57
Stunde 17 School things/Prepositions 60
Stunde 18 Clothes/Colours 62

Stunde 19	Visiting	65
Stunde 20	Birthday	68
Stunde 21	Asking for something/Prepositions	72
Stunde 22	Clothes/Colours	74
Stunde 23	Activities	76
Stunde 24	Activities	79
Stunde 25	Christmas time	83
Stunde 26	Christmas time	87
Stunde 27	Christmas time/Colours	91
Stunde 28	Christmas time/Numbers	94
Stunde 29	Prepositions	96
Stunde 30	Prepositions	99
Stunde 31	The body	101
Stunde 32	The body/Clothes/Colours	102
Stunde 33	The body (Jumping Jack)	105
Stunde 34	The body (poem)	108
Stunde 35	The house/Colours	111
Stunde 36	Valentine's day	114
Stunde 37	Activities	117
Stunde 38	English breakfast	120
Stunde 39	Activities	122
Stunde 40	At the restaurant	125

6 Anhang ... **128**

6.1	Christmas time (mit Projekt)	128
6.2	Vokabeln	132
6.3	Lieder und Reime	133
6.4	Englische Kinderliteratur	133

1 Didaktische Überlegungen

1.1 Der Fremdsprachenunterricht in der Grundschule

Vieles spricht für den frühen Einstieg in eine Fremdsprache.

- ▷ Kinder im Grundschulalter übernehmen unreflektiert Neues, ihre Fähigkeit – durch Nachahmen und Nachsprechen zu lernen – ist besonders groß, **Reime, Lieder und Spiele** wecken noch Begeisterung.
- ▷ Kinder können Fremdes als normal erleben, um Ausländerfeindlichkeit vorzubeugen.
- ▷ Das Weltbild der Kinder wird durch die andere Denkweise, die der neuen Sprache zugrunde liegt, erweitert.
- ▷ Der Fremdsprachenunterricht erweitert die Handlungsfähigkeit der Kinder über die muttersprachlich geprägte Welt hinaus. Schon in der Grundschule begegnen die Kinder durch ausländische Mitschüler und Mitschülerinnen anderen Sprachen und erkennen die Vorteile, mehrere Sprachen zu beherrschen.

1.2 Ziele des Englischunterrichts in der Grundschule

- ▷ Interesse und Freude am Sprachenlernen vermitteln
- ▷ grundlegende sprachliche Mittel anbieten, die in einfachen Alltagssituationen gelernt und gefestigt werden
- ▷ den Kindern die Möglichkeit geben, sich mit einfachen Texten durch Hören, Lesen und Sprechen auseinander zu setzen und so Englisch als Schlüsselsprache zu entdecken
- ▷ den Kindern Techniken und Methoden vermitteln, damit sie erfolgreich lernen können
- ▷ eine gesicherte sprachliche Grundlage von Kenntnissen, Fähigkeiten und Fertigkeiten aufbauen, auf der die weiterführenden Schulen ab dem 5. Schuljahr aufbauen können

Am Ende des 4. Schuljahres sollten die Kinder folgende konkrete Fertigkeiten erworben haben:

Hörverstehen:

- ▷ Erfassen typischer englischer Laute und Lautverbindungen
- ▷ Verstehen kurzer Arbeitsanweisungen (classroom phrases), Sätze und Texte und darauf handelnd reagieren
- ▷ Verstehen, wovon gesprochen wird, wenn Dinge des alltäglichen Lebens beschrieben werden
- ▷ Fragen nach persönlichen Vorlieben und Abneigungen verstehen und mit einfachen sprachlichen Äußerungen darauf antworten

Lesen und Sprechen:

- ▷ Erkennen von Wörtern und einfachen Sätzen, z. B. auf Schildern und in Katalogen
- ▷ korrektes Nachsprechen von Lauten und Lautfolgen
- ▷ Anwenden des richtigen Tonfalls
- ▷ selbstständiges Formulieren von kurzen Sätzen
- ▷ Vorlesen bekannter Texte (Reime und Lieder)
- ▷ Beschreiben von Gegenständen und Lebewesen

1.3 Die geeignete Lernatmosphäre

Wichtig ist, dass eine geeignete Atmosphäre geschaffen wird: Im Klassenzimmer liegen englische Kinderbücher, englisches Spielgeld und geeignete Spiele aus; Bilder/Kalender aus England und eine englische Fahne schmücken die Wände des Klassenzimmers.
Dazu gehört aber auch, dass die Kinder sich sicher und geborgen fühlen, dass sie keine Angst vor Kritik und Abwertung zu haben brauchen.

Die Schülerinnen und Schüler sollen erfahren, dass sie Fehler machen dürfen und dass trotz der Fehler eine Verständigung möglich ist. Dazu ist es nötig, dass Leistungen anerkannt und gelobt werden, Fehler zwar berichtigt, aber nicht weiter beachtet werden.

1.4 Anleitung zur Eigenverantwortlichkeit

Von Anfang an sollten die Kinder dazu angehalten werden, Verantwortung für das eigene Lernen zu übernehmen. Dazu ist die Vermittlung von Lerntechniken nötig, die ihnen helfen, die Fremdsprache **selbstständig** zu lernen, z. B. durch das Erstellung von Wörterlisten, das Nachschlagen im Wörterbuch, das Sammeln und Ordnen von Lernergebnissen.

Die Schülerinnen und Schüler sollten dazu angeregt werden, parallel zum Unterricht ein **Tagebuch** zu führen, in das sie hineinschreiben, was sie an der englischen Sprache beobachtet und entdeckt haben.

Selbst erstellte Blätter zu verschiedenen Themen wie „Diese Tiere kenne ich“, „Diese Kinderbücher kenne ich“, „Das kann ich auf Englisch über mich sagen“ oder Bastelergebnisse (in Umschlägen) und Wörterlisten können das Tagebuch ergänzen.
Zusammen mit den Arbeitsblättern der „Bergedorfer Grundschulpraxis Englisch“ ergibt sich am Ende der Grundschulzeit eine ausführliche Dokumentation ihrer Lernfortschritte im Englischunterricht.

Es ist ratsam, hin und wieder das Tagebuch hervorzunehmen und gemeinsam zu besprechen.

1.5 Die mündliche Sprache

Der Sprachunterricht umfasst das Sprechen der Fremdsprache, den Umgang mit Texten und Medien, interkulturelles Lernen und das Sprachenlernen-Lernen. Dabei steht der **mündliche Spracherwerb** im ersten Lernjahr im Vordergrund. Geeignete Mittel hierfür sind Aufgaben zum Hörverstehen, Vor- und Nachsprechübungen, Benennungsübungen, Spiele, Rätsel, Reime, Lieder und das Ausmalen von Bildern zum jeweiligen Thema.
Ebenfalls dazu gehören auch kurze szenische Darstellungen, Rollen-, Puppen- und Ratespiele.

Wichtig ist das Schaffen lebendiger Sprachsituationen, in denen die Fremdsprache als soziales Verständigungsmittel erlebt wird. Kurze Dialoge und Spiele ermöglichen es den Kindern, sich in die entsprechenden Personen hineinzuversetzen. Auf diese Art und Weise eignen sich die Schüler die Sprache **aktiv und handelnd** an.
Später kommen Spiel- und andere Dialogszenen hinzu, die die Möglichkeiten bieten, das neu Gelernte auf verschiedene Arten anzuwenden und einzuüben.
Im Unterricht wird das Prinzip des Themen- und Situationsbezugs sprachlichen Lernens ebenso wie das Prinzip des spielerischen, darstellenden und gestaltenden Lernens verwirklicht.
Wettspiele, bei denen es Verlierer gibt, werden vermieden, um bei den schwächeren Schülerinnen und Schülern Frust- und Unlustgefühle zu vermeiden.

1.6 Lesen und Schreiben

Das geschriebene Wort tritt hier (abgesehen vom Schreiben der englischen Namen) erst zu einem späteren Zeitpunkt auf, denn das Schriftbild sollte nicht vor dem Einführen und Sichern von neuen Lauten und Wörtern erscheinen.
Zunächst geht es auch nur um lesendes Erfassen, um das Zuordnen von Text und Bild. Erst dann darf geschrieben werden.

Hören, Verstehen, Sprechen, Lesen und Schreiben ist die erfolgversprechende Reihenfolge beim Erlernen einer Fremdsprache. Lesen und Schreiben sind dabei lernunterstützende Elemente, keineswegs Selbstzweck.

Lesen wird geübt mit Hilfe von Wortkarten, Verknüpfungen von Wort und Bild, selbst gebastelten Domino- und Memory-Spielen, Zuordnen von Sprechblasen und mit einfachen Kinderbüchern.
Schreiben wird geübt durch das Herstellen von eigenen Wortkarten, durch das Anlegen von Wörterlisten, durch Rätsel, Kartenschreiben, Ausfüllen von Lückentexten und Sprechblasen, Beschriften von Bildern usw.
Das Schreiben der englischen Sprache stellt hohe Anforderungen an die Aufmerksamkeit und Konzentrationsfähigkeit der Kinder, da Schriftbild und Aussprache im Englischen besonders stark voneinander abweichen.

1.7 Die Verzahnung des reproduzierenden und des produzierenden Lernens

Auf vielfältige Art und Weise werden Wörter und Satzstrukturen geübt, denn Sprachenlernen ist ein komplexer Prozess, der nicht linear abläuft, sondern spiralförmig: Jeder neue Lernschritt greift immer wieder den bekannten Wortschatz und bekannte Strukturen auf. So wird Neues mit bereits Gelerntem verknüpft.

Item learning (Aufnehmen, Reproduzieren) und *system learning* (Strukturieren, Produzieren) sind eng miteinander verbunden. Es findet ein Zusammenspiel statt zwischen dem Sprechen, dem Schreiben, der Verwendung des Wortschatzes *(item learning)*, dem Vergleichen von Wörtern und Formen, dem Erkennen von Beziehungen zwischen Lauten und Buchstaben, dem Umsetzen von Rede- und Schreibabsichten *(system learning)*. Die Schüler und Schülerinnen bewegen sich also auf unterschiedlichem Niveau durch dieselben Erfahrungsfelder.

1.8 Das Prinzip der Einsprachigkeit

In dem vorliegenden Englischlehrgang wird das Prinzip der Einsprachigkeit weitgehend eingehalten, d. h. der Unterricht findet fast ausschließlich in der englischen Sprache statt.
Mit Hilfe von **Gestik und Mimik** und dem situativen Kontext lassen sich nicht nur viele Wörter, Wendungen und Sätze einführen, sondern auch Fragen stellen, Arbeitsanweisungen geben, kurze Texte vorlesen, ohne dass die deutsche Sprache zu Hilfe genommen werden muss.

Die Einsprachigkeit wird hier unterstützt durch den Einsatz von Overheadfolien, einer Handpuppe und realen Gegenständen.

Deutsch sollte nur gesprochen werden, wenn der Gebrauch der englischen Sprache zu umständlich und zeitaufwändig ist.
Beim Vergleichen der englischen Sprache mit dem Deutschen kann die deutsche Sprache hinzugezogen werden.
Das gemeinsame Nachdenken über sprachliche Phänomene und das Sprechen über den experimentierenden Umgang mit Sprache erfordert ebenfalls den deutschen Sprachgebrauch.

1.9 Der Einsatz der Arbeitsblätter

Arbeitsblätter bringen Abwechslung in den Unterricht, sie veranschaulichen und festigen die neue Sprache. Sie ergänzen die Aktivitäten des Unterrichts und bringen eine Phase der Ruhe und Selbstbesinnung in den Unterricht.

Die Kinder können die in diesem Lehrgang enthaltenen Arbeitsblätter zusammen mit eigenem Material sammeln und in einem Ordner zusammenfassen, der dann am Jahresende einen kompletten Überblick über das Gelernte ermöglicht.

1.10 Mit vielen Sinnen lernen

Bei allem Neuen ist es nötig, dass immer mit möglichst vielen Sinnen gelernt wird. Beide Gehirnhälften sollten angesprochen werden: die linke, die Strukturen und Begriffe speichert, und die rechte, die Bewegungsabläufe, Rhythmen, Stimmungen, Düfte und Melodien aufnimmt.
So können angenehme Düfte, Stimmungen und Melodien dazu beitragen, dass sich die Schülerinnen und Schüler schneller, besser und lieber an das Gelernte erinnern.

Das Anwenden von Wortfolgen und Satzmustern wird bei Reimen und Liedern durch die Rhythmik des Versmaßes und die Melodie unterstützt.
Das hilft, Sprechhemmungen abzubauen und relativ schnell zu Erfolgserlebnissen in der fremden Sprache zu kommen. Das so Gelernte kann schon bald kreativ weiterverwendet werden, es können fremdsprachliche Elemente wahrgenommen, analysiert und verstanden werden.

1.11 Partner- und Gruppenarbeit

Um möglichst vielen Kindern im Unterricht die Gelegenheit zum Sprechen zu geben, wiederholt zunächst die ganze Klasse die neuen Wörter und Sätze, danach kleine Gruppen und schließlich einzelne Kinder. Erst dann stellen sich die Schülerinnen und Schüler gegenseitig Fragen und geben die entsprechenden Antworten.

In Gruppen- und Partnerarbeit kann das Gelernte anschließend jeweils in einem Zeitraum von einigen Minuten geübt und gefestigt werden. Dabei wendet sich die Lehrerin/der Lehrer immer wieder den einzelnen Gruppen zu, um zu helfen, zu korrigieren oder zu loben.

1.12 Grammatik und Nachdenken über Sprache

Auf die Vermittlung von grammatikalischen Kenntnissen wird im Fremdsprachenunterricht der Grundschule verzichtet. Es sollen aber gelegentlich Sprachvergleiche angestellt werden, z. B. wenn die Kinder über bestimmte Eigenarten der neuen Sprache stolpern (z. B. bei der Pluralbildung) oder Ähnlichkeiten mit dem Deutschen erkennen.

1.13 Die Verwendung von Ritualen

Im Englischunterricht sollten bestimmte Rituale eingehalten werden, die sich von denen anderer Stunden unterscheiden. Die Rituale vermitteln mit der Zeit ein Gefühl des Vertrauens, der Sicherheit und der Geborgenheit.
Ein ganz wichtiges Ritual ist die **englische Begrüßung** am Anfang jeder Stunde sowie die **englische Verabschiedung** am Ende des Unterrichts. Da dies Teil jeder Stunde ist, wird es in den Unterrichtssequenzen nicht ausdrücklich erwähnt.
Weitere Rituale können das Nennen von Tag und Datum, ein Begrüßungslied, der tägliche Wetterbericht, ein bestimmter Reim oder eine andere Begrüßungszeremonie sein.

1.14 Der Wortschatz

Die Themen des Lehrgangs – und damit der Wortschatz – stammen aus der Erfahrungswelt der Kinder. Sie richten sich nach den Bedürfnissen und den Interessen der Kinder:

- Me and my friends
- At school
- My body and my clothes
- Food and drinks
- Leisure time
- Abroad
- Special days
- Magic World

1.15 Interkulturelles Lernen

Ziel des Fremdsprachenunterrichts ist nicht nur das Vermitteln der Fremdsprache, sondern die Kinder sollen auch einen **Einblick in eine andere Lebenswirklichkeit** bekommen.
Der Unterricht geht von authentischen Situationen und Themen aus, die für die Kinder dieser Altersstufe interessant sind. Den Einblick in die englische Lebenswirklichkeit gewinnen die Schülerinnen und Schüler durch englische Kinderbücher, Comics und Videos, die Vergleiche mit der eigenen Lebenswirklichkeit ermöglichen.
Wenn möglich, sollten Begegnungen mit englischsprachigen Personen *(native speakers)* ermöglicht werden. Hieraus kann eine fruchtbare und kritische Auseinandersetzung mit der eigenen Sprache und Kultur erfolgen. Das fördert gegenseitiges Verständnis und erhöht die Toleranz gegenüber anders denkenden und anders lebenden Menschen.

1.16 Fächerübergreifendes Lernen

Für fächerübergreifendes Lernen eignen sich der Musik-, Sport-, Kunst- und Mathematikunterricht. Im Letzteren kann auf Englisch gerechnet werden, im Sportunterricht können englischsprachige Spiele eingeflochten werden, im Kunstunterricht können Sachen gebastelt und gemalt werden, die sich gut im Englischunterricht verwenden lassen, im Musikunterricht können englische Lieder eingeübt werden usw.
Englisch sollte also ein integrierter Bestandteil des schulischen Lebens und Lernens sein.

2 Hinweise zu den Unterrichtsstunden

Die Materialien zu den 40 Unterrichtsstunden des ersten Halbjahresbandes umfassen

- ▷ die Stundenverläufe
- ▷ die Arbeitsblätter
- ▷ Schwarz-Weiß-Abbildungen der Overheadfolien
- ▷ Kopiervorlagen mit den Noten und Texten der Lieder
- ▷ Kopiervorlagen mit Bastelaufgaben und Puzzles
- ▷ Kopiervorlagen mit Memory- und Dominospielen

Die Arbeitsblätter eignen sich je nach Lernstand zum Ausmalen, zum Lesen und zum Schreiben einzelner Wörter. Zum Teil enthalten sie Bastelaufgaben, zu denen Material wie Schere, Klebstoff und Karton benötigt werden (s. Materialangaben).

Es ist nicht notwendig, dass alle Arbeitsblätter im Englischunterricht bearbeitet werden.

Nicht zuletzt hängt es von der Größe und Zusammensetzung der Klasse und der Fähigkeit der Kinder ab, wie viel Stoff in einer Englischstunde geschafft wird und wie viel Zeit dann noch für das Singen, Spielen und Basteln bleibt.

Die mit Hilfe von Kopiervorlagen hergestellten Memory- und Domino-Spiele können zur Festigung des entsprechenden Wortschatzes oder als Beschäftigung für Kinder, die ihre Aufgabe schnell erledigt haben, eingesetzt werden.
Am besten werden die Karten laminiert und, mit Gummibändern versehen, in Schachteln oder Tüten aufbewahrt.

Die beiden Memorys zum Thema „food and drinks" (Stunde 19, Stunde 40) können im Anschluss an die 40. Stunde auch zu **einem** Spiel zusammengefasst werden.

Das **Projekt: Christmas party** eignet sich bestens, englische Sitten und Gebräuche vorzustellen und im Unterricht zu diskutieren.

Durch die Stunden führt eine **Handpuppe** (Jimmy Jiggles). Bei der Wahl der Handpuppe gibt es keine Vorgaben, außer dass Hände und Mund beweglich sein sollten. Der Name ist beliebig. Die Puppe ist von Anfang an dabei und **spricht nur Englisch**. Damit es für die Kinder einsichtig wird, sollte die Puppe gleich zu Beginn erklären, dass sie aus England kommt und deshalb nur Englisch kann. Das wiederum motiviert die Kinder, mit ihr oder durch sie nur Englisch zu sprechen. Die Handpuppe hilft ihnen auch über die Anfangsschwierigkeiten bei neuen Wörtern hinweg, indem sie die Wörter zuerst nachspricht. Somit macht sie lange Erklärungen überflüssig. Durch ihr Tun fordert die Puppe ohne viele Worte zum Nachahmen auf und nimmt ängstlichen Kindern die Furcht vor der fremden Sprache.

Tipps für die Einführung von Liedern/Reimen:

- ▷ Lied/Reim zuerst auf CD vorspielen
- ▷ Text langsam und deutlich vorsprechen
- ▷ mit Mimik und Gestik unterstützen
- ▷ Kinder klatschen oder summen das Lied mit, bevor sie singen
- ▷ Kinder sprechen den Text mit
- ▷ Kinder singen/sprechen auf unterschiedliche Weise: langsam, schnell, laut, leise

Verwendete Abkürzungen:

L - Lehrerin/Lehrer

K - Kind/Kinder

H - Handpuppe

OHP - Overheadprojektor

3 Tabelle: Themenübersicht

Erfahrungsfelder	Stunden	Themen
Abroad	1. Stunde	Great Britain and the English language – Warum eine Fremdsprache lernen? – Welche englischen Wörter sind bereits bekannt?
Me and my friends	2. Stunde 3. Stunde 4. Stunde 5. Stunde 6. Stunde 7. Stunde 8. Stunde 13. Stunde	Saying hello That's me How are you? How are you? Introducing Asking names Introducing/Adjectives Telephone numbers
At school	9. Stunde 14. Stunde 15. Stunde 16. Stunde 17. Stunde	Colours School things/Numbers/Colours School things Numbers (1–10) Prepositions/School things
Leisure time	10. Stunde 11. Stunde 12. Stunde 23. Stunde 24. Stunde 29. Stunde 30. Stunde	Colours Numbers (1–5) Numbers (1–10) Activities Activities Prepositions Prepositions
Food and drinks	19. Stunde 38. Stunde 40. Stunde	Visiting English breakfast At the restaurant
Special days	20. Stunde 21. Stunde 25. Stunde 26. Stunde 27. Stunde 28. Stunde 36. Stunde	Birthday Asking for something/Prepositions Christmas time Christmas time Christmas time/Colours Christmas time/Numbers Valentine's day
My body and my clothes	18. Stunde 22. Stunde 31. Stunde 32. Stunde 33. Stunde 34. Stunde	Clothes/Colours Clothes/Colours The body The body/Clothes/Colours The body (Jumping Jack) The body (poem)
Magic world	35. Stunde 37. Stunde 39. Stunde	The house/Colours Activities Activities

4 Spiele

Hinweis: Die Zahlen in den Klammern geben an, in welchen Stunden die Spiele zum Einsatz kommen.

4.1 Good Morning, Nick! (2)
Alle sitzen still im Kreis und schließen die Augen: Sie „schlafen".
Ein Spieler geht zu einem Kind und flüstert ihm ins Ohr: *Good morning, Nick!*
„Nick" öffnet die Augen und sagt auch: *Good morning!*
Dann geht er zum nächsten Kind und weckt es genauso usw.
Wenn alle wach sind, rufen sie im Chor: *Good morning, my dear friends!*

4.2 Guess the Name! (7)
(Mit Musik)
Die Kinder bilden zwei Gruppen. Eine Gruppe sitzt im Stuhlkreis und schließt die Augen, die andere steht außerhalb.
Wenn die Musik beginnt, gehen die Kinder der zweiten Gruppe um den Kreis herum. Wenn die Musik stoppt, bleibt jeder stehen, wo er gerade ist, hält dem vor ihm sitzenden Kind die Augen zu und behauptet: *My name is (Peter).*
Das sitzende Kind erwidert: *No, it isn't. Is your name (John)?*
Wird der richtige Name genannt, sagt das stehende Kind: *Yes, it is. My name is (John)!*, und die beiden tauschen ihre Positionen.
Ist die Antwort falsch, sagt das stehende Kind: *No, it isn't!* Dann bleiben sie beide auf ihren Plätzen und das Spiel geht weiter.

4.3 My Hat (9) – Wortschatz: **Farben**
Einem Kind wird ein farbiges Hütchen von hinten aufgesetzt, sodass es die Farbe nicht erkennen kann.
Das Kind geht von einem zum anderen und fragt: *Is my hat (green)?*
Die Kinder antworten entweder mit: *No, it isn't!* oder mit *Yes, it is!*
Das Kind fragt so lange, bis es die richtige Farbe herausgefunden hat.

4.4 Did You Touch Me? (10, 34)
Vier Kinder stehen vor der Klasse und sagen: *Sleep well!*
Alle „schlafen ein" mit dem Kopf auf den Armen.
Die vier gehen im Klassenraum umher und jeder von ihnen tippt ein „schlafendes" Kind an und geht wieder nach vorn. Gemeinsam sagen sie: *Wake up, please!*
Jedes angetippte Kind fragt nun eins der vier: *Did you touch me?*
Die vier antworten: *Yes, I did./No, I didn't.*, bis die richtigen Kinder herausgefunden worden sind.

4.5 One, Two, Three (11, 29)
Alle sitzen im Stuhlkreis. Der rechte Stuhl neben L ist frei.
L sagt: *One, two, three, come to me, (John)!* Das gerufene Kind setzt sich neben L auf den freien Stuhl.
Nun ruft das Kind, dessen rechter Nachbarstuhl frei geworden ist: *One, two, three, come to me, (Peggy)!* Usw.
Nach einer Weile, wenn (John) von einem anderen Kind herbeigerufen wurde und der Platz neben L wieder frei ist, ruft L: *One, two, three, come back to me, (John)!*
Die Kinder machen es genauso.

4.6 Change Places! (11, 14, 16, 28, 40) – Wortschatz: **Zahlen/Farben/Gegenstände**
Die Kinder sitzen im Stuhlkreis. L teilt jedem z. B. eine Zahl zu (je nach erarbeitetem Wortschatz): *(Peter, Mary, Susan, Tom), you are* ***one****. (John, Jim, Betty, Anne), you are* ***two*** usw.
Wenn alle ihre Zahl kennen, beginnt das Spiel. L ruft z. B.: *Number* ***two*** *and number* ***four*** *change places!*
Daraufhin wechseln alle Kinder mit der 2 und der 4 ihre Plätze.
Wenn L ruft: ***All numbers*** *change places!*, springen alle Kinder auf und suchen sich einen neuen Platz.

Noch reizvoller wird das Spiel, wenn ein Stuhl weniger als Spieler vorhanden ist. Dann bleibt immer ein Kind übrig, das dann den Befehl zum nächsten Wechsel gibt.

4.7 Guess the Number! (12) – Wortschatz: **Zahlen**
L schreibt einem Kind eine Zahl (je nach erarbeitetem Wortschatz) auf den Rücken und ruft: *Guess the number!*
Das Kind fragt z. B.: *Is it seven?* L antwortet: *Yes, it is./No, it isn't.*
Wenn die Zahl erraten wurde, schreibt das Kind einer Mitschülerin oder einem Mitschüler eine Zahl auf den Rücken.

4.8 What's Missing? (14, 26) – Wortschatz: **Gegenstände**
Die Kinder sitzen im Stuhlkreis. In der Mitte liegen mehrere Gegenstände (je nach erarbeitetem Wortschatz). Ein Kind wird vor die Tür geschickt. Bevor es wieder hereingerufen wird, entfernen die anderen einen Gegenstand.
Das Kind muss erraten, was fehlt: *What's missing?*
Es fragt z. B.: *Is it a rubber?* oder ruft: *It's the pencil!*
Danach ist ein anderes Kind an der Reihe.

4.9 Mr Crocodile (22) – Wortschatz: **Farben**
(Auf dem Schulhof)
Mit Kreide wird ein Fluss auf den Boden gemalt. Die Kinder stehen auf einer Seite vom Fluss. Ein Spieler, „Mr Crocodile", steht auf der anderen Seite.
Die Kinder rufen: *Mr Crocodile, who may cross the river?*
„Mr Crocodile" ruft z. B.: ***Red*** and ***blue*** *may cross the river.*
Nun laufen alle über den Fluss, und „Mr Crocodile" versucht eins der Kinder zu fangen, das kein Rot oder Blau in seiner Kleidung hat.
Das gefangene Kind ist im nächsten Spiel „Mr Crocodile".
Alternative: Die gefangenen Kinder werden zu weiteren Krokodilen, sodass mehrere Spieler zu Fängern werden. Dabei muss aber vereinbart werden, wer rufen darf.

4.10 Robots (21, 22) – Wortschatz: **Gegenstände/Farben**
Vier Kinder stellen sich vor die Klasse. Sie sind die Roboter und bekommen von den anderen Aufträge, z. B.: *Please, give/bring me a green pencil case!*
Beim Erledigen der Aufträge bewegen sich die Kinder wie Roboter und sprechen abgehackt: *Here – you – are.*

4.11 What's My Number? (28) – Wortschatz: **Zahlen**
Ein Kind kommt an die Tafel und schreibt für die anderen nicht sichtbar eine Zahl auf.
Die Kinder versuchen die Zahl so schnell wie möglich herauszufinden.
Das Kind vorn gibt jeweils Hinweise: *My number is higher/lower.*
Wenn die richtige Zahl genannt wird, klappt das Kind vorn die Tafel auf und zeigt seine Zahl.
Das Kind, das die Zahl erraten hat, geht als Nächstes an die Tafel.

4.12 I Sent a Letter to My Love (36, 37, 38) – Zum Lied: *I Sent a Letter to My Love*
Die Kinder stellen sich im Kreis auf und singen das Lied.
Ein Spieler läuft **im Uhrzeigersinn** mit einem Tuch in der Hand außen um den Kreis herum.
Bei ***dropped it*** lässt er das Tuch hinter einem andern Kind fallen und läuft weiter.
Das andere Kind hebt schnell das Tuch auf und rennt **gegen den Uhrzeigersinn** um den Kreis herum.
Beide versuchen den leeren Platz als Erster zu erreichen.
Wer zu spät kommt, läuft im nächsten Spiel mit dem Tuch um den Kreis.

Thema

Great Britain and the English language

Wörter/Sätze

good morning, goodbye

Material

Tasche mit Gegenständen (oder Abbildungen von Dingen), deren englische Namen den Kindern wahrscheinlich geläufig sind: T-Shirt, Cornflakes, Toast, Popcorn, Ketchup, Sweatshirt, Jeans, Puzzle, Skateboard, Inliner ...
OHP, Folie 1, Arbeitsblatt, Buntstifte, evtl. englische Fahne

Ablauf

L begrüßt K mit *Good morning* und ermuntert sie, entsprechend zu antworten.

L überlegt gemeinsam mit K, wo man überall Englisch spricht:
in Großbritannien, Amerika, Australien, Neuseeland, im Computerbereich, in der Musik, in Comic-Heften ...

L: Warum ist es eigentlich wichtig, dass wir eine Fremdsprache lernen?
- Warum gerade Englisch?
- Wer spricht in dieser Klasse eine andere Sprache?
- Wo spricht man diese Sprache?
- Wo spricht man Französisch, Italienisch ...?
- Warum lernt man Fremdsprachen nicht erst, wenn man erwachsen ist?
- Warum ist es als Kind leichter eine Fremdsprache zu lernen?
- Welche Körperteile sind besonders wichtig beim Erlernen einer Sprache?

L zeigt **Folie 1**.
K beschreiben, was sie alles erkennen.
L erklärt die typischen englischen Sitten und Gebräuche.

L: Wir wollen doch einmal sehen, wie viele englische Wörter ihr schon kennt. Vielleicht sind es mehr, als ihr glaubt.

L holt verschiedene Gegenstände bzw. Abbildungen (s. Material) aus einer Tasche.

L hält jeden einzelnen Gegenstand hoch und lässt K die Gegenstände benennen, danach spricht L jedes Wort noch einmal langsam und deutlich.

L lobt K dafür, dass sie schon so viele englische Wörter kennen.

Arbeitsblatt (L: *Colour the English flag.*)
L erklärt die Vokabeln für die Farben oder hängt eine englische Fahne im Klassenzimmer auf.
K malen die Fahne in den entsprechenden Farben an.

L: *Now let's say goodbye. – Goodbye, boys and girls.*
L winkt zum Abschied.
K winken und sagen: *Goodbye.*

blue
white
white
blue
red
red
blue
blue
red
blue
blue
red
blue
white
white
blue
red

TELEPHONE
17 FULFORD
ALE HOUSE RESTAURANT

Thema

Saying hello

Wörter/Sätze

hello, hi,
Good morning,
Mr/Mrs ..., I'm ...

Material

CD-Player mit CD 1, evtl. neutrale Musik-CD,
Ball, Arbeitsblatt, evtl. Liederblatt, Buntstifte

Ablauf

L: *Good morning, boys and girls.**
K: *Good morning.**
L erklärt, dass Erwachsene mit *Good morning, Mr/Mrs ...* gegrüßt werden.
Dann begrüßt L einzelne Kinder: *Good morning, (Peter), good morning, (Susan).*
K: *Good morning, Mr/Mrs ...*

L verteilt die **Arbeitsblätter** und bespricht mit K die verschiedenen Grußformen.
L liest gemeinsam mit K. Dabei achtet L auf die richtige Aussprache. L weist darauf hin, dass man im Englischen einiges anders spricht, als es geschrieben wird (besonders das **o** in *Hello* und das **i** in *Hi).*

K und L gehen durch den Raum und begrüßen die Entgegenkommenden (evtl. mit neutraler Musik, die immer wieder gestoppt wird, damit sich K begrüßen können).
Mit Hilfe von L erweitern K auf: *Good morning, I'm (Susan). – Good morning (Susan), I'm (Peter) ...*

Kreisspiel
Die Kinder sitzen im Kreis und werfen einen Ball hin und her.
Wer den Ball hat, sagt: *Good morning, I'm ...*

L führt ein Lied ein: Good Morning (s. S. 10).

Spiel: Good Morning, Nick!
Alle sitzen still im Kreis und schließen die Augen: Sie „schlafen". Ein Spieler geht zu einem Kind und flüstert ihm ins Ohr: *Good morning, Nick!* „Nick" öffnet die Augen und wiederholt den Gruß. Dann geht er zum nächsten Kind und weckt es genauso usw. Wenn alle wach sind, rufen sie im Chor: *Good morning, my dear friends!*

Arbeitsblatt (L: *Read and colour.*)
L und K lesen gemeinsam. K malen das Bild an.

Lied: Good Morning

L: *Goodbye, boys and girls.* *
K: *Goodbye, Mr/Mrs ...**

* Englische Begrüßung und Verabschiedung ist Teil jeder Unterrichtsstunde.
Aus Platzgründen wurde es in den folgenden Stundenbeschreibungen weggelassen.

Saying hello

2 Lied: Good Morning

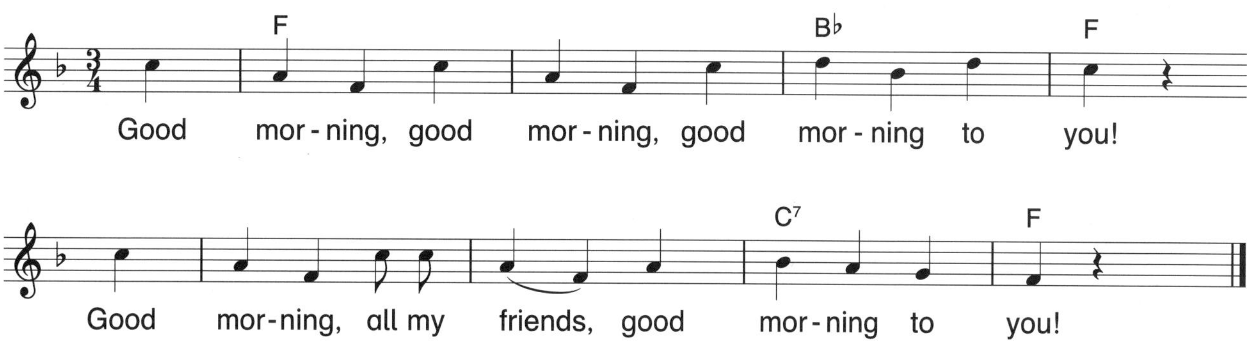

Thema

That's me

Material

Tasche mit Handpuppe, Namensschilder (s. Material: Nameplates), Sicherheitsnadeln, Buntstifte

Wörter/Sätze

Hello, ***my name is …***
englische Vornamen

Ablauf

Lied: Good Morning

K sitzen im Stuhlkreis.
L (im Kreis) öffnet eine Tasche. Die Tasche bewegt sich. *Oh, what's in there?*
L holt eine Handpuppe (H) heraus.

H: *Hello!*
L: *Hello, what's your name?*
H: *My name is (Jimmy Jiggles). I am from Great Britain. What's your name?*
L: *My name is Mr/Mrs …*
H zu einem Kind: *Hello, what's your name?*
K mit Hilfe von L: *Hello, my name is …*
H wiederholt den Namen, spricht ihn aber schlecht aus.
Der gleiche Ablauf bei zwei weiteren Kindern.

H: *These names are so difficult. Why don't you have English names?*
L: *English names? A good idea.*
L zu K: *What do you think of it?*/Was haltet ihr davon?

L holt die vorbereiteten Namenschilder aus der Tasche und legt sie in die Mitte des Kreises auf den Boden – erst die Mädchennamen, dann die Jungennamen. (Es sollten jeweils mehr Namen als Kinder sein.)

L liest die Namen vor, K sprechen sie mehrmals nach.

Jedes Kind sucht sich einen Namen aus, möglichst mit demselben Anfangsbuchstaben wie sein richtiger Vorname.

Arbeitsblatt (L: *Colour your English names.*)
K malen ihre Namensschilder an.

L geht dabei herum und spricht mit einzelnen Kindern noch einmal die Namen.

Durch die Beschäftigung mit den Namen hören die Kinder die typischen englischen Phoneme, erkennen Unterschiede bzw. Ähnlichkeiten mit der deutschen Sprache.
Sie erkennen, dass Schriftbild und Aussprache nicht immer übereinstimmen.

Lied: Good Morning

3	Material: Nameplates – girls

Alice	Rose
Carol	Diana
Christine	Eve
Eileen	Frances
Helen	Lucy

3	Material: Nameplates – girls

Sally	Nancy
Betty	Laura
Wendy	Peggy
Susan	Mary
Vicky	Jane

3	Material: Nameplates – boys

Alan	Andrew
Bob	Colin
Dave	Eric
Fred	Gordon
Harry	Jim

3 Material: Nameplates – boys

John	Kevin
Mike	Nick
Paul	Peter
Simon	Robin
Tom	William

Thema

How are you?

Wörter/Sätze

How are you?
I'm fine/very well, thank you.
What's your name?
My name is …

Material

Tasche mit Handpuppe, CD-Player mit neutraler Musik-CD, Namensschilder der 3. Stunde, Sicherheitsnadeln, Arbeitsblatt, Buntstifte

Ablauf

K stecken ihre Namensschilder an.

Plötzlich hört man H aus der Tasche von L *Good morning* rufen.
Dabei wackelt die Tasche.
L holt H heraus.
H guckt lachend in alle Richtungen und ruft: *Hello!*
K: *Hello!*
L : *Hello, (Jimmy)!*
H: *Hello, Mr/Mrs …, how are you?*
L: *I'm very well, thank you. And how are you?*
H: *I'm fine, thank you.*

L wiederholt diesen Dialog mehrmals. Dann findet der Dialog zwischen H und einzelnen Kindern statt, wobei auch K die Handpuppe halten dürfen und dabei ihren Part übernehmen.

L erweitert auf: *What's your name?/My name is ...,* wenn die Redewendungen gesichert sind.
K fragen sich gegenseitig nach ihren Namen und antworten entsprechend.

Lied: Good Morning

Kreisspiel
K bilden zwei Gruppen. Eine Gruppe stellt sich im Kreis auf, Gesicht nach außen, die anderen gehen zur Musik um den Kreis herum. Wenn die Musik verstummt, wendet sich jedes Kind seinem Partner zu, und der Dialog (s. o.) wird wiederholt.

K gehen durch den Klassenraum, während die Musik spielt. Wird die Musik angehalten, führen sie noch einmal den Dialog mit einem Partner.

Arbeitsblatt (L: *Look for the right ways.*)
K zeichnen im Irrgarten die Wege der vier äußeren Kinder zum Kind in der MItte ein.

Lied: Good Morning

4	Arbeitsblatt	Name:

Thema

How are you?

Material

Handpuppe, OHP, Folie 2, CD-Player mit CD 1 und neutraler Musik-CD, Arbeitsblatt, evtl. Liederblatt, Buntstifte

Wörter/Sätze

How are you?
I'm fine/very well, thank you.
I'm not so well. I'm tired/ill.
I'm sorry.

Ablauf

Lied: Good Morning

Wiederholung der Dialoge der 4. Stunde.
Dann folgende Erweiterung mit H:
L: *Hello, (Jimmy Jiggles).*
H: *Hello, Mr/Mrs ...*
L: *How are you?*
H schüttelt traurig den Kopf: *I'm not so well.*
L: *Oh, I'm sorry.*
H: *Goodbye.*
L: *Goodbye.*
L wiederholt den Dialog mit H und einzelnen Kindern.

Partnerarbeit
K spielen den Dialog nach.

L zeigt **Folie 2.**
K lesen die Sprechblasentexte und erzählen dazu.

K gehen zur Musik durch das Klassenzimmer. Wenn die Musik stoppt, sucht sich jeder schnell einen Partner und fragt nach dessen Befinden. Bei der Antwort können K wählen zwischen gutem und schlechtem Befinden.

L führt ein neues Lied ein: Two Little Dicky Birds (s. S. 10).
Bewegungen zum Lied (s. auch Liederblatt):

Two little dicky birds	Hände vor der Brust
sitting on a wall.	Zeigefinger hoch halten
One named Peter.	mit rechtem Zeigefinger wackeln
One named Paul.	mit linkem Zeigefinger wackeln
Fly away, Peter!	rechte Hand hinter dem Rücken verstecken
Fly away, Paul!	linke Hand hinter dem Rücken verstecken
Come back, Peter!	rechte Hand wieder nach vorne holen
Come back, Paul!	linke Hand wieder nach vorne holen

L macht die Bewegungen vor, K machen nach und nach mit.
Oder: Jeweils zwei Kinder sitzen auf einem Tisch, wackeln, „fliegen weg" und kehren zurück.

Arbeitsblatt (L: *Read and colour.*)
L und K lesen gemeinsam. K malen das Bild an.

Lied: Good Morning

5	Arbeitsblatt	Name:

 KOPIERVORLAGE

5 Lied: Two Little Dicky Birds

Two little dicky birds,
sitting on a wall.

One named Peter,
one named Paul.

Fly away, Peter!

Fly away, Paul!

Come back, Peter!

Come back, Paul!

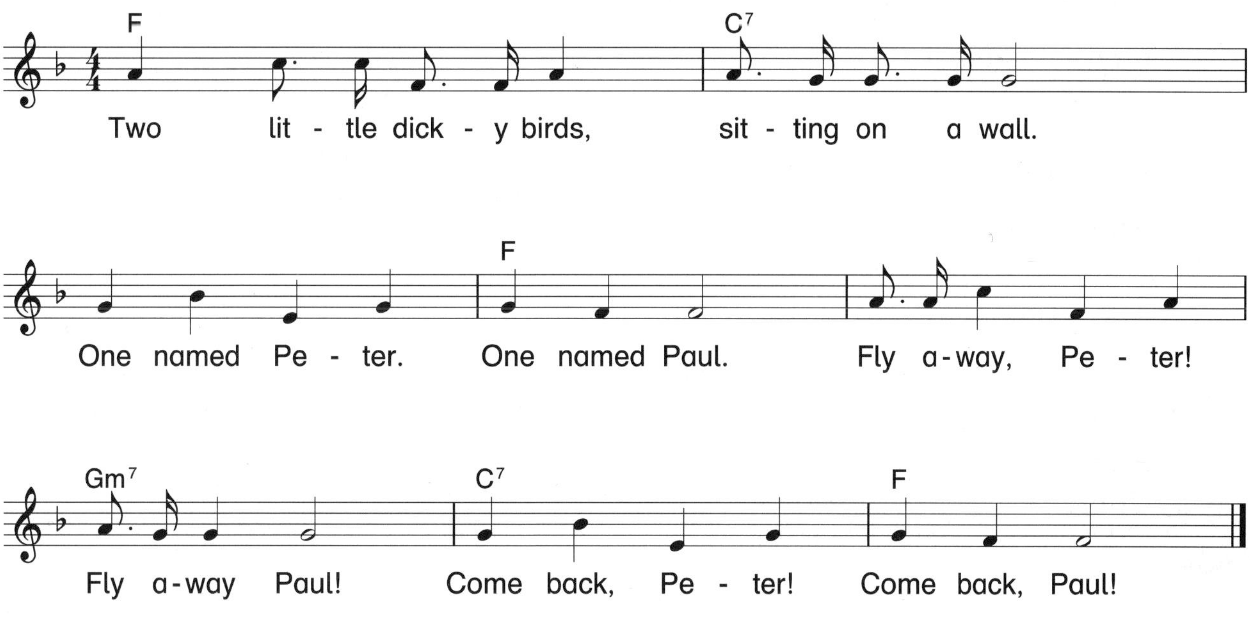

I'm fine.
I'm not so well.
I'm ill.
I'm tired.

Thema

Introducing

Material Handpuppe, 2 Fingerpuppen (s. Material: Finger dolls), Buntstifte, Schere, Klebstoff, Materialblatt: Finger dolls

Wörter/Sätze

This is my friend ...,
girl, boy,
How are you?
I'm tired/ill.
I'm very well/not so well.
I'm sorry.

Ablauf

Lied: Good Morning

H: *Hello, children.*
K: *Hello, (Jimmy).*
H: *Hello, Mr/Mrs ...*
L: *Hello, (Jimmy).*

L setzt die Fingerpuppe „Mädchen“ auf: *(Jimmy), look, this is my friend Susan. Susan is a girl.*
H: *Hello Susan. I'm (Jimmy Jiggles).*
L (als Susan): *Hello, (Jimmy).*
L setzt die Fingerpuppe „Junge“ auf: *This is my friend Peter. Peter is a boy.*
H: *Hi, Peter.*
L (als Peter): *Hello, (Jimmy).*
L wiederholt den Dialog mehrmals mit H und einigen Kindern.

Materialblatt: Finger dolls (L: *Let us make two finger dolls.*)
K basteln zwei Fingerpuppen. Sie geben ihnen Namen.
(Alternativ können K sich Gesichter auf Zeige- und Mittelfinger malen.)

Gruppenarbeit (3–4 K)
K führen den Dialog (s. o.) mit ihren Fingerpuppen selbstständig.

Partnerarbeit
K wiederholen die Dialoge der 5. Stunde, z. B.:
K 1: *Hello, John! How are you?*
K 2: *I'm tired.*
K 1: *Oh, I'm sorry.*
K 2: *Goodbye.*
K 1: *Goodbye.*

Kreisspiel
K sitzen im Stuhlkreis. Nacheinander stellt jeder seine Fingerpuppen vor.

Lied: Two Little Dicky Birds (mit Bewegungen)

6	Material: Finger dolls

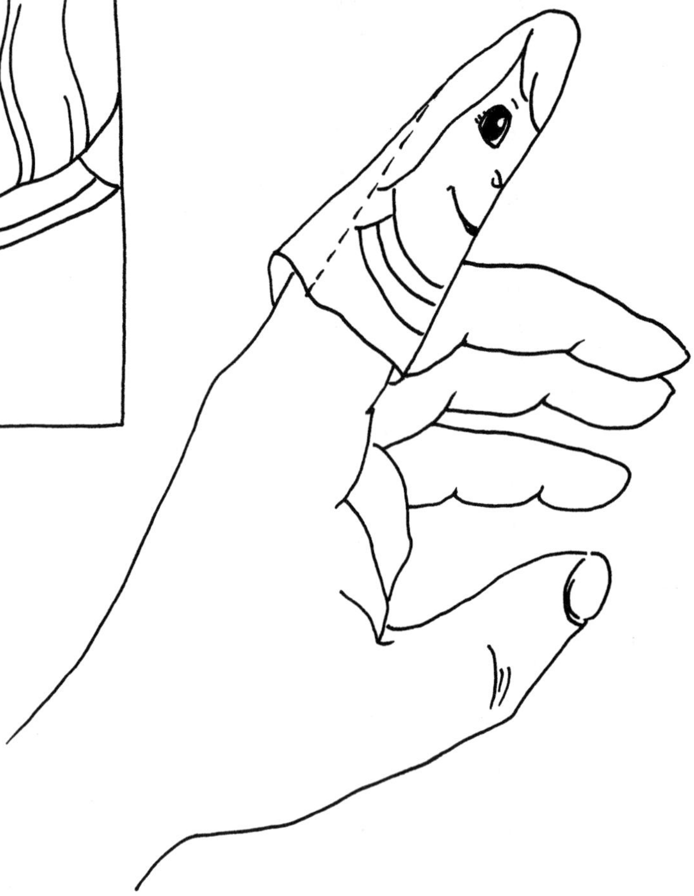

1. *Colour.*

2. *Cut out.*

3. *Fold.*

4. *Stick together.*

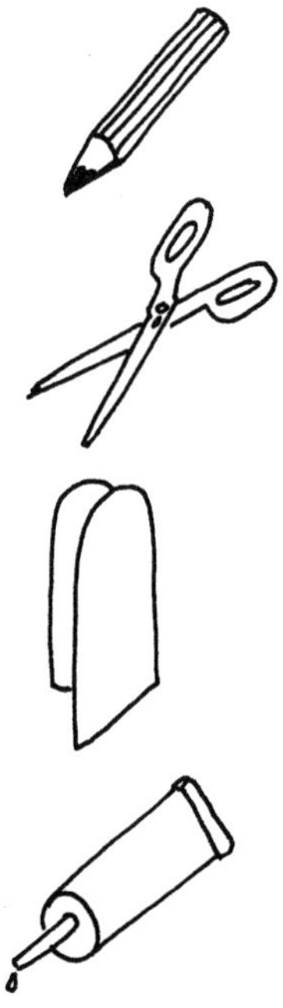

 KOPIERVORLAGE

Bergedorfer Grundschulpraxis: Englisch – 3. Klasse, Band 1

Thema

Asking names

Wörter/Sätze

Are you/Is your name …?
No, I'm not. *I'm …*
Yes, it is./No, it isn't.
My Name is … Oh, yes.
Nice to meet you.

Material

Handpuppe, CD-Player mit CD 1 und neutraler Musik-CD, Ball, Fingerpuppen der 6. Stunde, Arbeitsblatt, Buntstifte

Ablauf

Lied: Two Little Dicky Birds (mit Bewegungen)

L zu H: *Hello, are you (Peter)?*
H: *No, I'm not. I'm (Jimmy)!*
L: *Oh, yes. Nice to meet you.*
H zu einem Kind: *Hi, are you (Pamela)?*
K: *No, I'm not. I'm (Susan).*
H: *Oh, yes. Nice to meet you.*
K führen diesen Dialog mehrmals.

Kreisspiel
K sitzen im Stuhlkreis. Sie werfen sich den Ball zu und fragen dabei: *Is your name (Susan)?*, und antworten: *Yes, it is./No, it isn't. My name is (Mary).*

Partnerarbeit
K üben den Dialog mit ihren selbst gebastelten Fingerpuppen.

K gehen durch die Klasse, während Musik spielt. Wenn die Musik stoppt, wendet sich jeder seinem Partner zu und folgender Dialog findet statt: *Hello, are you …? – No, I'm not. I'm … – Oh, yes. Nice to meet you.*

Spiel: Guess the Name
Die Kinder bilden zwei Gruppen. Eine Gruppe sitzt im Stuhlkreis und schließt die Augen. Die andere steht außerhalb. Wenn die Musik beginnt, gehen die Kinder der zweiten Gruppe um den Kreis herum. Wenn die Musik stoppt, bleibt jeder stehen, wo er gerade ist, hält dem vor ihm sitzenden Kind die Augen zu und behauptet: *My name is (Peter).* Das sitzende Kind erwidert: *No, it isn't. Is your name (John)?* Ist die Antwort richtig, sagt das stehende Kind: *Yes, it is. My name is (John)!*, und die beiden tauschen ihre Positionen. Ist die Antwort falsch, sagt das stehende Kind: *No, it isn't!* Dann bleiben sie auf ihren Plätzen und das Spiel geht weiter.

L führt einen Reim ein: This Is Polly (s. S. 10).

This is Polly,
and here is Bill.
That is Dolly,
and there is Till.

Arbeitsblatt (L: *Read and colour.*)
L und K lesen den Reim gemeinsam. K malen das Bild an.

Lied: Good Morning

7	Arbeitsblatt	Name:

Thema

Introducing/Adjectives

Material Handpuppe, CD-Player mit CD 1, Arbeitsblatt, Buntstifte

Wörter/Sätze

his, her, he, she,
name, boy, girl,
This is my friend.
clever, great, pretty

Ablauf

Lied: Good Morning

H: *My name is (Jimmy). I'm a boy.* (H zeigt auf einen Jungen.) *This is my friend. His name is (Peter). He is a boy.* K sprechen mit Hilfe von L nach, im Chor, in Gruppen, einzeln.

H: *My name is (Jimmy). I'm a boy.* (H zeigt auf ein Mädchen.) *This is my friend. Her name is (Susan). She is a girl.* K sprechen mit Hilfe von L nach, im Chor, in Gruppen, einzeln.

Gruppenarbeit (4–6 K)
K stellen sich gegenseitig ihren Freund/ihre Freundin vor.

L hat **Tafelbild** vorbereitet: *boy, girl, friend, clever, great, pretty.*
L und K lesen die Wörter gemeinsam.
L zeigt auf einen Jungen: *This is (Peter). He is a boy. He is clever.*
L zeigt auf ein Mädchen: *This is (Linda). She is a girl. She is pretty. She is clever.*
L verfährt genauso mit anderen Kindern.
H und K sprechen jeweils nach.

L führt einen neuen Reim ein: Pretty Little Dutch Girl (s. S. 10).
Bewegungen zum Reim (Partnerspiel):

I	–
am	Hände auf die Knie schlagen
a	–
pretty	in die Hände klatschen
little	–
Dutch girl	gegen die Hände des Partners klatschen
–	in die Hände klatschen
as	–
pretty	Hände auf die Knie schlagen
as	–
I	in die Hände klatschen
can	–
be	gegen die Hände des Partners klatschen
–	in die Hände klatschen

Arbeitsblatt (L: *Draw a picture of yourself and of your best friend. Write the names and tell us, if it's a boy or a girl.*)
K bearbeiten die Aufgaben.

Lied: Two Little Dicky Birds (mit Bewegungen)

8	Arbeitsblatt	Name: ______________________

That's me. My name is ______________________________.

This is my friend. Her/His name is ____________________.

She/He is a ___________________.

Me and my friends

KOPIERVORLAGE

Thema

Colours

Material

Handpuppe, CD-Player mit CD 1, Tuschkästen, farbige Tafelkreide, farbige Papierhütchen (s. Material: Hat), Materialblatt: Puzzle, evtl. Liederblatt, Buntstifte, Schere, Klebstoff, Karton

Wörter/Sätze

What colour is it?
red, blue, yellow, green, black
Is my hat (green)?

Ablauf

Reim: Pretty Little Dutch Girl (mit Bewegungen)

L zeigt einen Tuschkasten mit den Farben Rot, Blau, Gelb, Grün, Schwarz:
Look! This is my paintbox. There are some nice colours in my paintbox.
L zeigt auf die einzelnen Farben und benennt sie: *This is red. This is blue ...*
K sprechen nach.

L malt Farbkleckse an die Tafel, zeigt auf den roten Klecks und fragt H: *Is it red, (Jimmy)?*
H: *Yes, it is.*
L fragt nach den anderen Farben.
K antworten entsprechend.
K zeigen auf Farben in ihren Tuschkästen und fragen andere Kinder: *Is it (blue)? ...*

L: *Please, show me the (red) colour in your paintbox! ...*
K zeigen auf die entsprechenden Farben.

L zeigt auf einen Farbklecks an der Tafel oder auf farbige Gegenstände in der Klasse und fragt H:
Is it (green)?
H lacht: *No, it isn't. It is (blue).*
L fragt K.
K antworten entsprechend.

Partnerarbeit
K1 zeigt auf einen farbigen Gegenstand und fragt: *What colour is it?*
K2 antwortet entsprechend.

Spiel: My Hat
Einem Kind wird von hinten ein farbiges Hütchen aufgesetzt, sodass es die Farbe nicht erkennen kann. Es geht von einem zum anderen und fragt: *Is my hat (green)?* Die Kinder antworten entweder mit: *No, it isn't.* oder mit *Yes, it is.* Das Kind fragt so lange, bis es die richtige Farbe herausgefunden hat.

Materialblatt: Puzzle (L: *Colour the puzzle, cut it out, and stick it together.*)
K malen das Bild an, schneiden die Puzzleteile aus und kleben sie wieder richtig auf Karton.

L führt ein neues Lied ein: Goodbye (s. S. 10).

9	Material: Puzzle

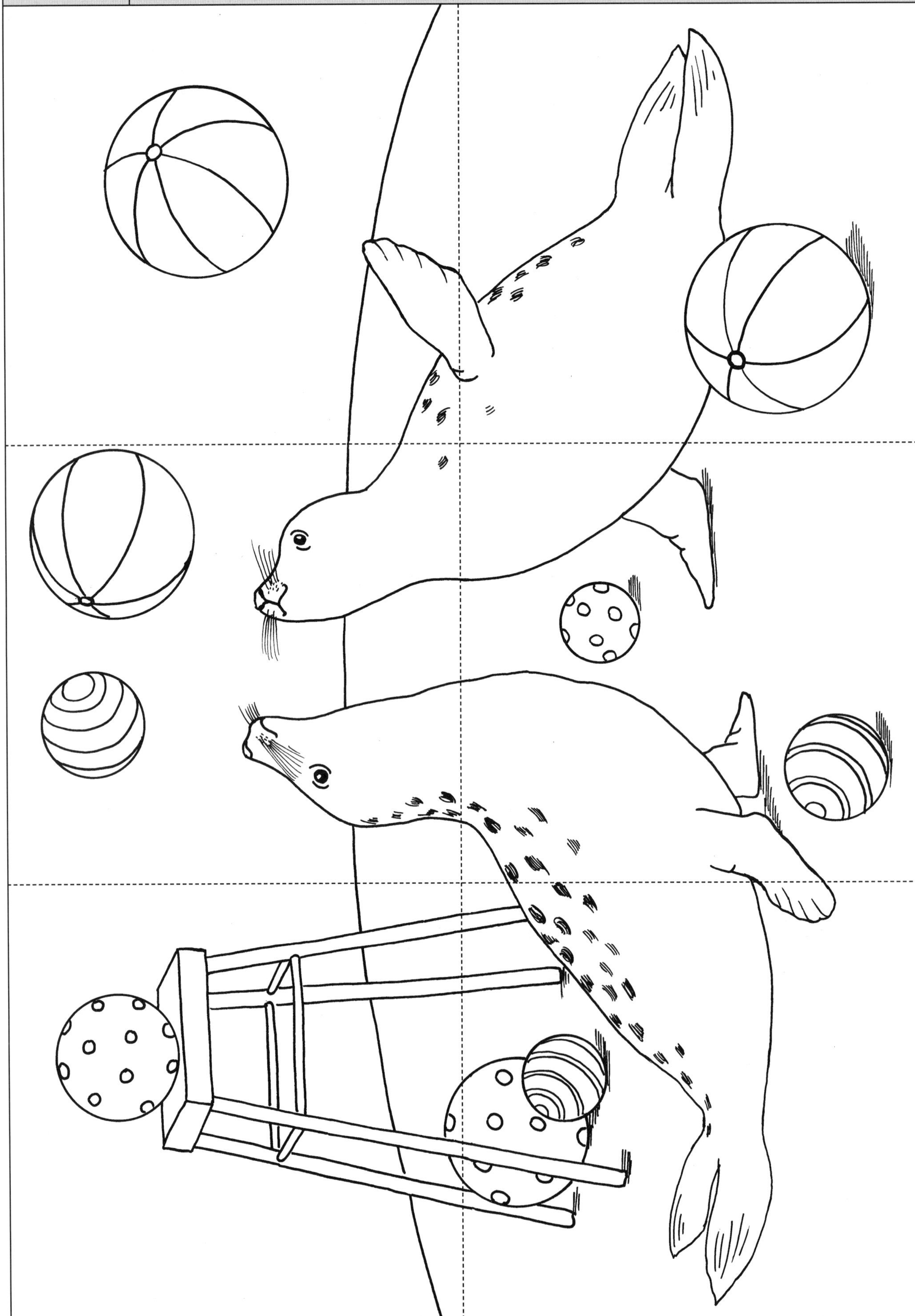

Material: Hat

Auf verschiedenfarbiges Tonpapier kopieren, ausschneiden und an der Klebefläche zusammenkleben. Evtl. mit einem Gummiband versehen.

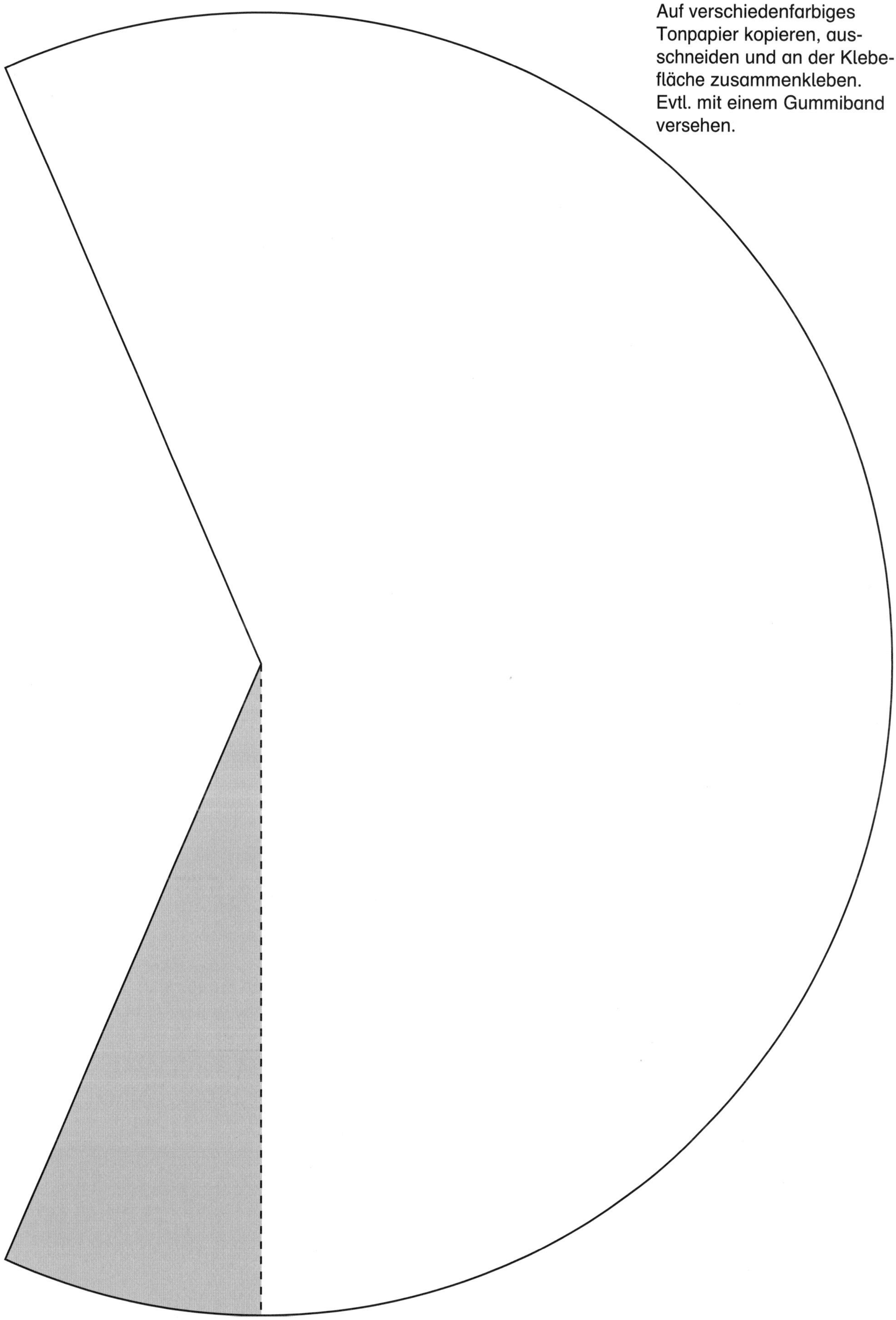

9 Lied: Goodbye

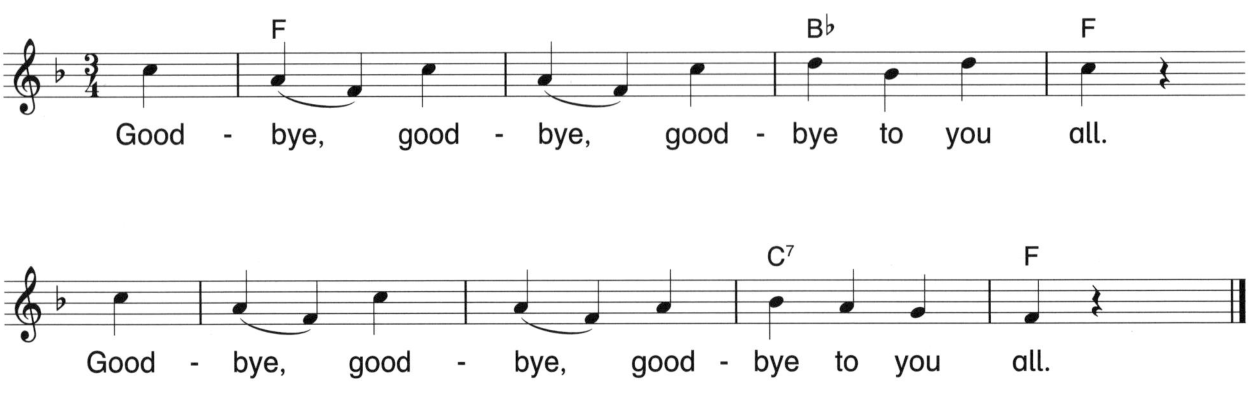

Thema

Colours

Material Handpuppe, farbige Bälle (s. Wortschatz), CD-Player mit CD 1, Puzzle der 9. Stunde, Arbeitsblatt, evtl. Liederblatt, Buntstifte

Wörter/Sätze

ball, white, *red, blue,*
green, yellow, black
What colour is it?
Sleep well! Wake up, please!
Did you touch me?
Yes, I did./No, I didn't.
Show me something (green)!

Ablauf

Lied: Good Morning

K sitzen mit ihren Puzzles im Stuhlkreis.
L: *Now tell us the colours of your balls, (Peter).*
(Peter): *This ball is red. This ball is green …*
L: *Show the picture to the class. Your red/green ball is very nice.*
L wiederholt mit mehreren Kindern.

Kreisspiel
L wirft einem Kind einen weißen Ball zu: *This ball is white.*
H: *Yes, this ball is white.*
K werfen sich den weißen Ball zu und fragen: *What colour is it?*
Derjenige, der ihn fängt, sagt: *This ball is white.*
L wirft Bälle in anderen Farben und fragt nach der Farbe, K benennen die Farben.
Dann werfen K die Bälle und fragen nach den Farben.

Lippenspiel
L: *Now look at my lips and guess what colour I mean.* L formt die Lippen lautlos zu allen Farben. K sollen an den Lippen ablesen, um welche Farbe es sich jeweils handelt. Sie sprechen die Farbe im Chor nach. K spielen das Lippenspiel selbstständig in Gruppen.

L zeigt auf Kleidungsstücke und fragt z. B.: *What colour is Tom's T-shirt?*
oder bittet K: *Show me something (green)!*
K antworten/zeigen entsprechend.

L führt ein neues Lied ein: Tom's Ball Is Blue (s. S. 10).

Spiel: Did You Touch Me?
Vier Kinder stehen vor der Klasse und sagen: *Sleep well!* Alle „schlafen ein", mit dem Kopf auf den Armen. Die vier gehen im Klassenraum umher. Jeder von ihnen tippt ein „schlafendes" Kind an und geht wieder nach vorn. Gemeinsam sagen sie: *Wake up, please!* Jedes angetippte Kind fragt nun eins der vier: *Did you touch me?* Die vier antworten: *Yes, I did/No, I didn't,* bis die richtigen Kinder herausgefunden worden sind.

Partnerarbeit
K 1: *Show me something (green) …*
K 2 zeigt auf die entsprechenden Gegenstände. Danach wird gewechselt.

Arbeitsblatt (L: *Read and colour.*)
L und K lesen gemeinsam. K malen die Gegenstände in den vorgegebenen Farben an.

Lied: Goodbye

10	Arbeitsblatt	Name: ______________

Colour the things.

black

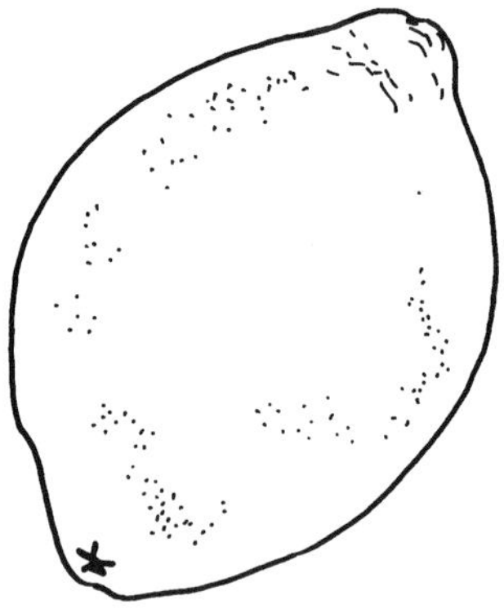

yellow

green

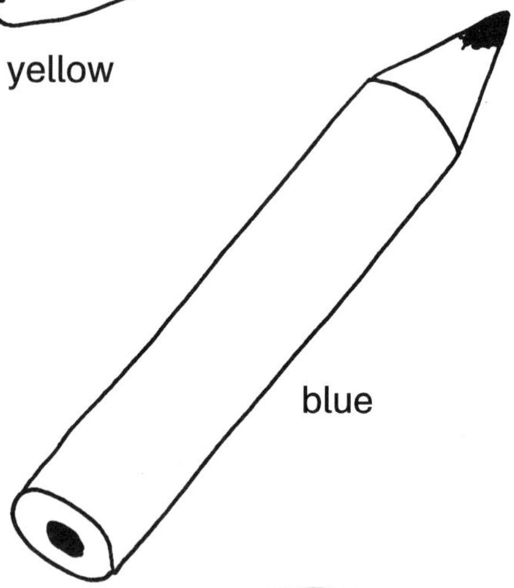

blue

red

yellow

blue

white

 KOPIERVORLAGE

10 Lied: Tom's Ball is Blue

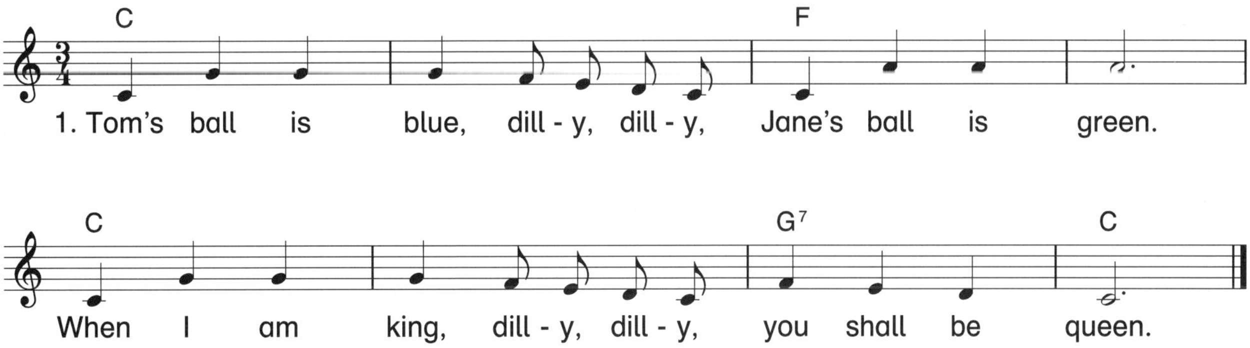

2. Bill's ball is red,
dilly, dilly,
Pat's ball is green …

3. Jim's ball is black,
dilly, dilly,
Ann's ball is green …

Thema

Numbers

Material Handpuppe, Bälle, Bücher, evtl. Zahlenkärtchen (s. Material: Number cards), Arbeitsblatt, Buntstifte

Wörter/Sätze

one, two, three, four, five, *balls,* ***Come to me! Come back to me!***

Ablauf

Lied: Tom's Ball Is Blue

L spielt mit 2 oder 3 Bällen: *Look, I'm playing with two/three balls.*
H: *You do it very well.*
L legt 3 Bälle nebeneinander: *Look, there are three balls.*
L zählt ab: *One ball, two balls, three balls.*
K machen es nach.
L zählt z. B. 3 Stifte, 3 Bücher, 3 Tische: *One, two, three.*
H und K sprechen jeweils nach.

Spiel: One, Two, Three
Alle sitzen im Stuhlkreis. Der rechte Stuhl neben L ist frei.
L sagt: *One, two, three, come to me, (John)!* Das gerufene Kind setzt sich neben L auf den freien Stuhl.
Nun ruft das Kind, dessen rechter Nachbarstuhl frei geworden ist: *One, two, three, come to me, (Peggy)!* Usw.
Nach einer Weile, wenn (John) von einem anderen Kind herbeigerufen wurde und der Platz neben L wieder frei ist, ruft L: *One, two, three, come back to me, (John)!*
Die Kinder machen es genauso.

L zählt 5 (4, 3, 2) Finger (Stifte, Bücher, Stühle ...) ab.
K wiederholen.
L zeigt unterschiedliche Anzahl Finger: *How many fingers can you see?*
K antworten entsprechend.

Lippenspiel
L: *Look at my lips and guess, what number I say.* L formt die Lippen lautlos zu allen Zahlen.
K sollen an den Lippen ablesen, um welche Zahl es sich jeweils handelt. Sie sprechen die Zahl im Chor nach. K spielen das Lippenspiel selbstständig in Gruppen.

Spiel: Change Places! (s. S. 12, 4.6)
L teilt K die Zahlen 1 bis 5 zu: *(Peter, Mary, Susan, Tom), you are one. (John, Jim, Betty, Anne), you are two ...*

Partnerarbeit
K zählen bis zu 5 Gegenstände ab.

Arbeitsblatt (L: *Match the numbers with the things.*)
K verbinden die Mengen mit den passenden Zahlwörtern.

Lied: Two Little Dicky Birds (mit Bewegungen)

11	Arbeitsblatt	Name:

Match the numbers with the things.

one

two

three

four

five

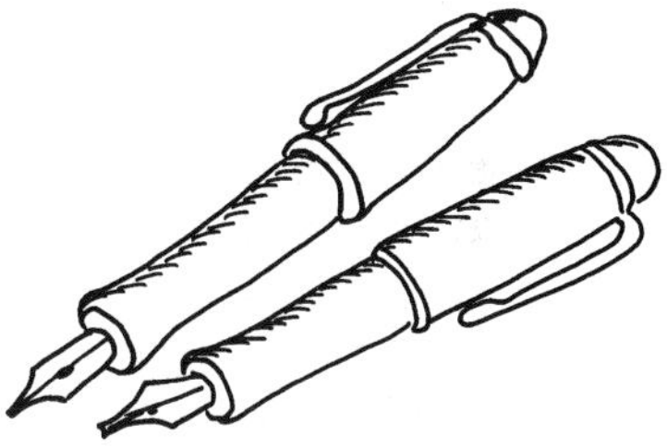

11 Material: Number cards

0	1	2
3	4	5
6	7	8
9	10	

KOPIERVORLAGE

Thema

Numbers

Material

Handpuppe, CD-Player mit CD 1, evtl. Zahlenkärtchen (s. S. 46, Material: Number cards), Arbeitsblatt, evtl. Liederblatt, Buntstifte

Wörter/Sätze

Guess the number!
one, two, three, four, five, ***six, seven, eight, nine, ten***

Ablauf

Lied: Good Morning

L zählt von 1 bis 5.
H und K wiederholen die Zahlen.

L hat **Tafelbild** vorbereitet: zwei Hände mit ausgestreckten Fingern.
L zählt die Finger.
H und K wiederholen die Zahlen.

L schreibt die Zahlen 1 bis 10 an die Tafel. L zeigt auf die einzelnen Zahlen und spricht sie deutlich vor.
K sprechen zuerst im Chor, dann einzeln nach.

K zeigen auf Zahlen und fragen andere Kinder danach.
K zählen ihre eigenen Finger.

L: *Show three fingers!, Show ten fingers! …*
K halten die entsprechende Anzahl Finger hoch.

Spiel: Guess the Number!
L schreibt einem Kind eine Zahl auf den Rücken und ruft: *Guess the number!*
Das Kind fragt z. B.: *Is it seven?*
L antwortet: *Yes, it is./No, sorry.*
Wenn die Zahl erraten wurde, schreibt das Kind einer Mitschülerin oder einem Mitschüler eine Zahl auf den Rücken.
(Alternativ kann auch mit einer bestimmten Anzahl Finger vorsichtig auf den Rücken gedrückt werden.)

L führt ein neues Lied ein: Five in the Bed (s. S. 10).
Bewegungen zum Lied:
Zu Beginn stehen 5 Kinder vor der Klasse. Bei ***roll over*** drehen sie sich jeweils um die eigene Achse und eins „fällt aus dem Bett" (geht an seinen Platz). In der 5. Strophe, wenn nur noch ein Kind vorne steht, streckt sich das Kind genüsslich.

Arbeitsblatt (L: *Connect the numbers and draw the animals.*)
K verbinden die nummerierten Punkte.

Lied: Five in the Bed

12	Arbeitsblatt	Name:

Connect the numbers: 1 → one → 2 → two

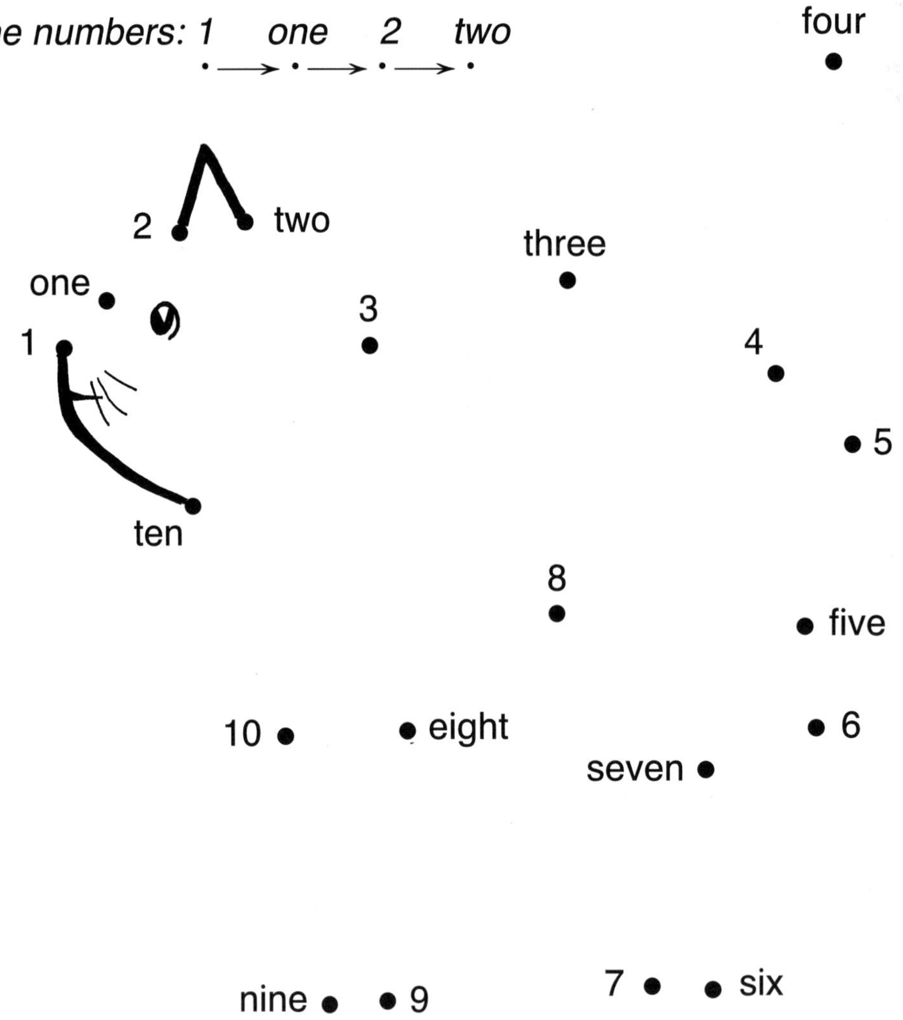

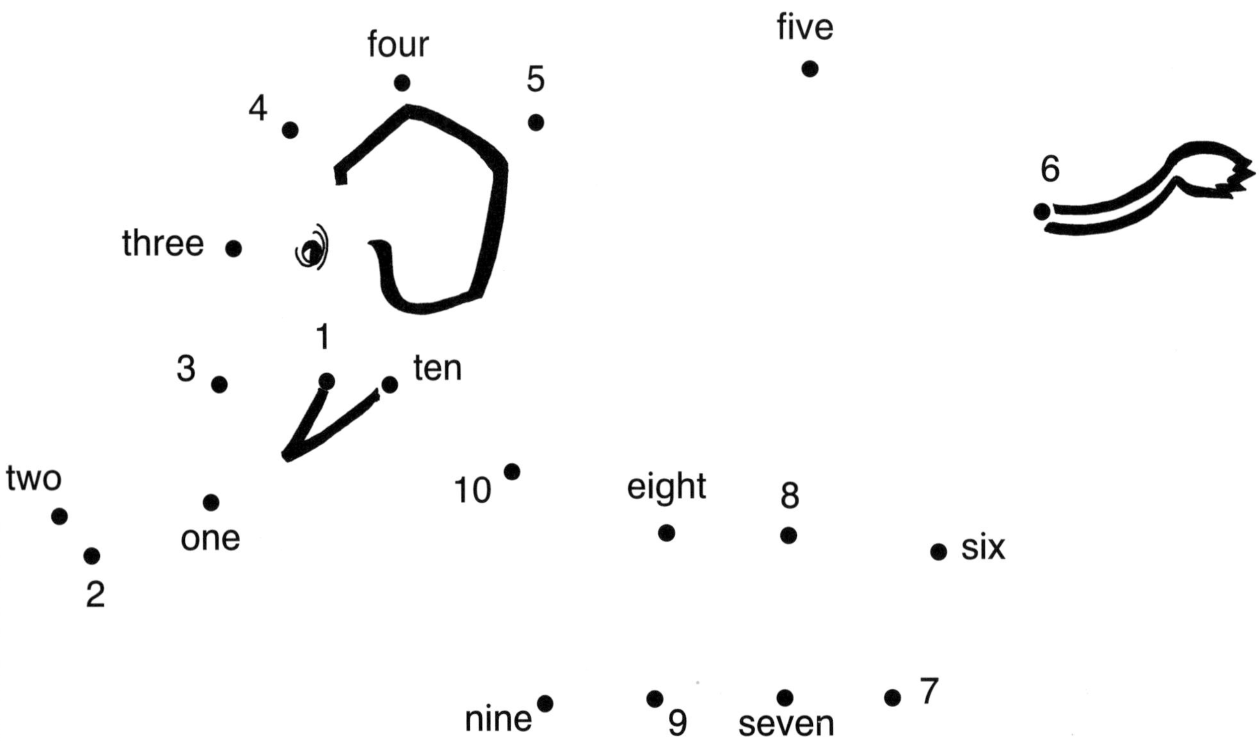

Numbers

Bergedorfer Grundschulpraxis: Englisch – 3. Klasse, Band 1

12	Lied: Five in the Bed

2. There were four in the bed …
3. There were three in the bed …
4. There were two in the bed …
5. There was one in the bed
   and that little one said:
   (spoken) Good, now I've got the bed to myself,
   I'm going to stretch and stretch and stretch!

Thema

Telephone numbers

Material

Handpuppe, Tuch, zwei Telefone, Notizzettel,
Materialblatt: Telephone box, evtl. Zahlenkärtchen
(s. S. 46, Material: Number cards), Schere, Buntstifte, Klebstoff

Wörter/Sätze

o* (Null), *double,
one … nine
This is my number.
Hello, ***here is*** *…*
How are you?
I'm fine, thank you.

Ablauf

Lied: Good Morning

L holt ein in ein Tuch verpacktes Telefon aus der Tasche.
L zu H: *Do you know what it is, (Jimmy)? Come and feel!* L macht entsprechende Gesten.
H fühlt und ist ratlos: *I don't know.*
K fühlen und raten.
L, wenn das Telefon erraten wird: *Right, it is a telephone.*

L: *My telephone number is …* L schreibt beim Sprechen die Nummer an die Tafel.
L: *What is my number?*
Erst lesen einzelne K die Telefonnummer, dann alle gemeinsam.

L schreibt eine Telefonnummer mit einer **Doppelzahl** und einer **Null** an, z. B.: 4981855/4302.
L erklärt, dass es *double five* und *o* heißt.

L verteilt Notizzettel: *Now write your telephone numbers down and read them to us.*
K und L schreiben ihre Telefonnummern auf, und einige K lesen sie der Klasse vor.
L sammelt die Zettel ein und verteilt sie neu. Dann liest L die Nummer vor, die auf seinem/ihrem Zettel steht.
L: *Whose number is it?*
K meldet sich: *This is my number.*
Anschließend liest K die Nummer auf seinem Zettel vor …

Spiel: Telephone
Die Kinder sitzen im Stuhlkreis. In der Mitte stehen zwei Telefone.
Jeweils zwei Kinder gehen in die Mitte und telefonieren: K 1 wählt und nennt dabei die Zahlen.
K 2 macht Klingelgeräusch und sagt: *Hello, here is (Susan).*
K 1: *Hello, here is (Mark), how are you?*
K 2: *I'm fine, thank you. And how are you?*
K 1: *I'm fine, too. Thank you.*

Materialblatt: Telephone box (L: *Let us make a telephone box! This is an old English telephone box. It is red. So you must colour it red. Then cut it out and stick it together.*
L macht entsprechende Gesten.)
K basteln eine Telefonzelle.

Lied: Five in the Bed

Material: Telephone box

1. Colour.
2. Cut out.
3. Fold.
4. Stick together.

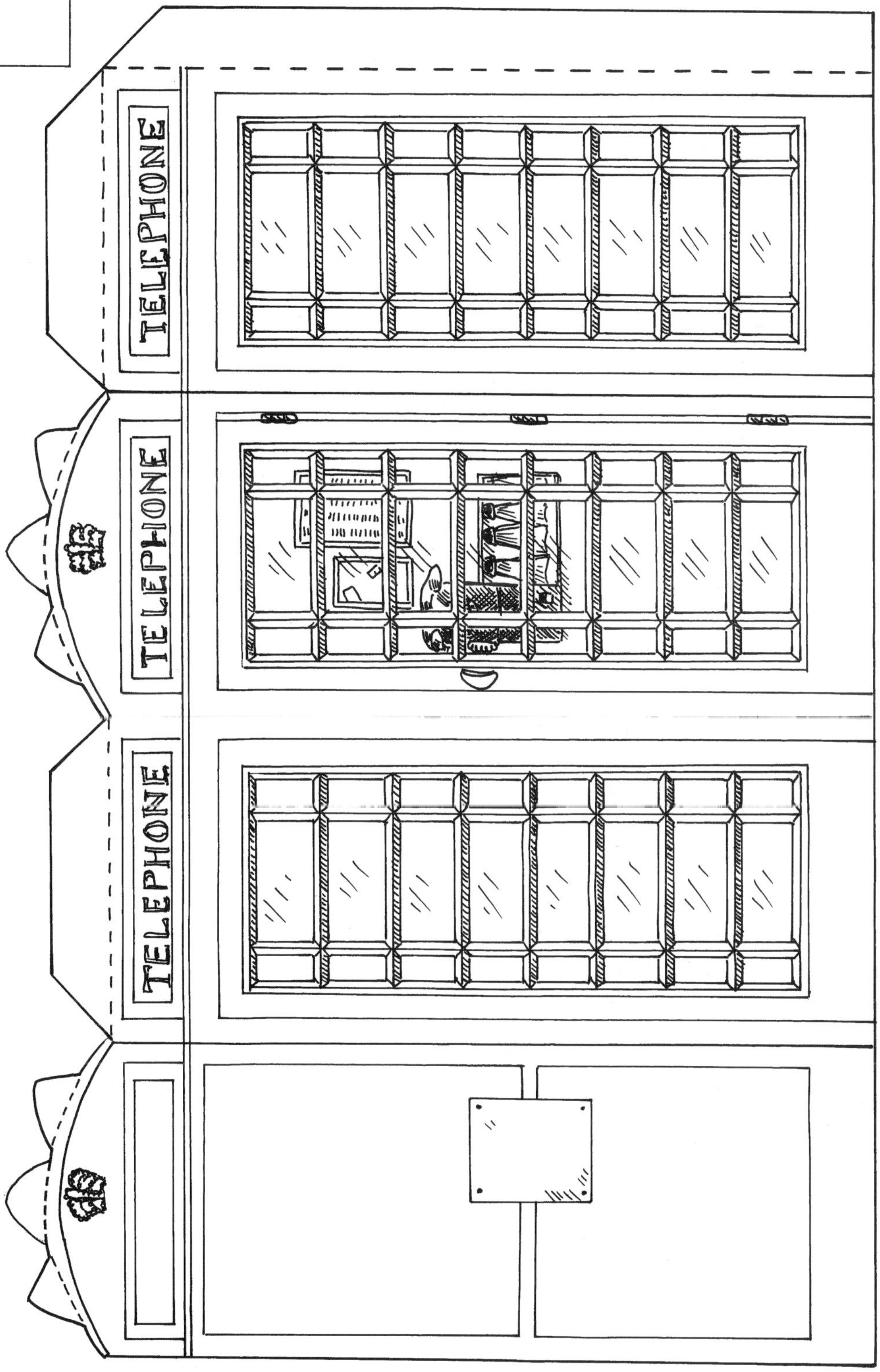

Thema

School things/Numbers/Colours

Material

Handpuppe, Schulsachen (s. Wortschatz), Arbeitsblatt, Buntstifte

Wörter/Sätze

blackboard, rubber, book, pencil, school bag, pencil case, pink, orange, purple
What is it? What's missing?
Is it a ...?
How many ... can you see?
numbers ..., colours ...

Ablauf

Lied: Five in the Bed

L zeigt nacheinander auf verschiedene Schulsachen und benennt sie dabei (Tafel, Bleistift, Radiergummi, Buch, Federtasche, Schulranzen): *Look at these things. This is the blackboard ...*
H und K sprechen jeweils nach.
K sprechen zuerst im Chor nach, dann einzeln.

L: *Put your pencils (rubbers, books, pencil cases) on the table.*
K legen ihre Schulsachen auf den Tisch.
L hält einen der Gegenstände hoch und fragt: *What is it, (Robin)?*
(Robin) antwortet, hält ebenfalls einen Gegenstand hoch und fragt: *What is it?*
K antworten und fragen sich dann gegenseitig.

L zeigt 3 Stifte: *How many pencils can you see?*
K: *Three.*
L: *Right, go on, (Jenny)! ...*
K halten Gegenstände in verschiedener Anzahl hoch und fragen nach den Zahlen.

L: *Look, this is my pencil case. It is (red).*
L benennt die Farben von anderen Gegenständen.
K sprechen jeweils nach. Dann zeigen sie ihre Sachen und nennen deren Farben.
Dabei werden weitere Farben eingeführt: *pink, orange, purple.*

Spiel: Change places!
Die Kinder sitzen im Stuhlkreis. L teilt die Kinder ein in *rubbers, pencils, books, pencil cases, school bags.* Wenn alle ihren Begriff kennen, beginnt das Spiel. L ruft z. B.: *Rubbers and pencils change places!* Daraufhin wechseln die entsprechenden Kinder ihre Plätze.
Wenn L ruft: *All schoolthings change places!,* springen alle Kinder auf und suchen sich einen neuen Platz.

Spiel: What's Missing?
Alle Kinder sitzen im Stuhlkreis. Mehrere Gegenstände liegen in der Mitte. Ein Kind wird vor die Tür geschickt. Bevor es wieder hereingerufen wird, entfernen die anderen einen Gegenstand. Das Kind muss erraten, was fehlt: *What's missing? – Is it a (rubber)?/It's the (pencil)!*
Danach ist ein anderes Kind an der Reihe.

Arbeitsblatt (L: *Read and colour.*)
L und K lesen gemeinsam. K malen die Schulsachen in den vorgegebenen Farben an.

Lied: Five in the Bed

14	Arbeitsblatt	Name:

Colour the things.

rubber – orange
pencil – red
book – purple
pencil case – pink
school bag – yellow
blackboard – green

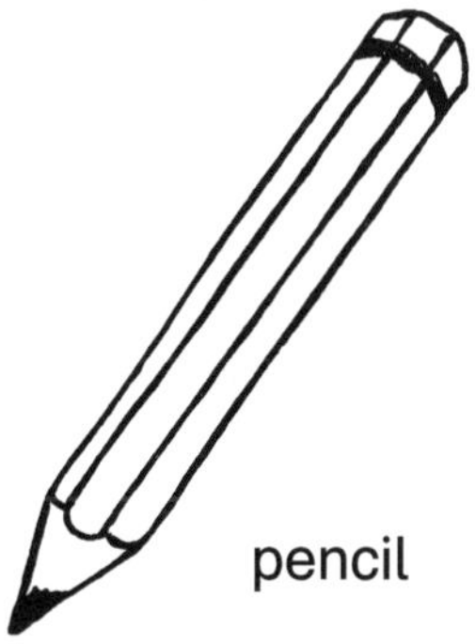
pencil

rubber

book

blackboard

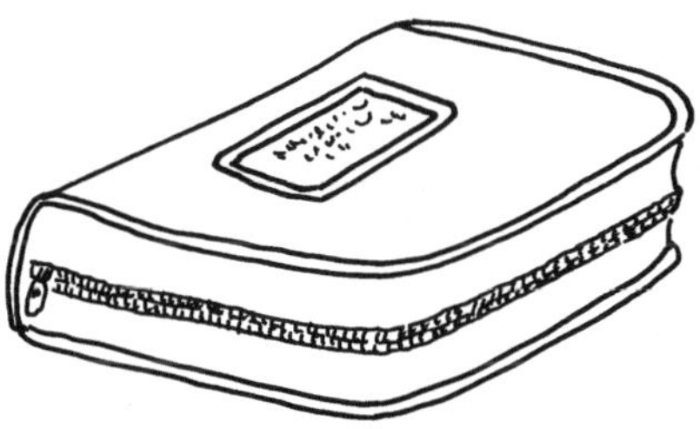
pencil case

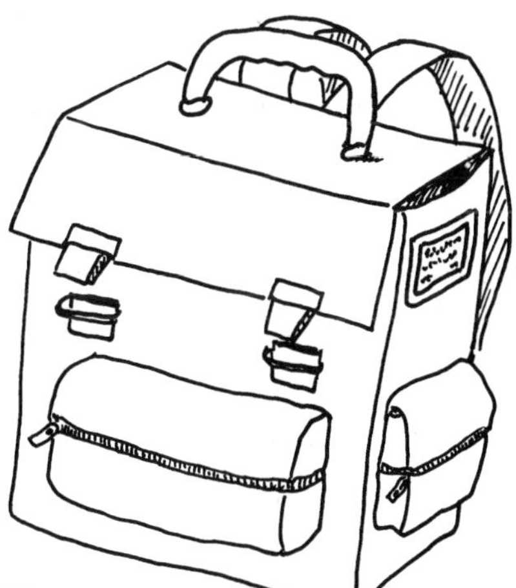
school bag

School things

Thema School things

Material Handpuppe, Tasche mit Schulsachen (s. Wortschatz), Tuch, Arbeitsblatt, Materialblatt: Domino cards – school things, Schere, Buntstifte

Wörter/Sätze

I put ... and ... in my bag.
pencil, pencil case, rubber, book, school bag, ***ruler, pen, exercise book, paintbox,*** *colours ...*

Ablauf

Lied: Two Little Dicky Birds (mit Bewegungen)

L holt Bleistift, Federtasche, Radiergummi und Buch einzeln aus der Tasche und fragt:
Do you remember: What is it?
K antworten im Chor: *It is a pencil ...*
L schaut in die Tasche: *Oh, there are some more things in my bag.*
L zeigt nacheinander ein Lineal, ein Heft, einen Füller und einen Tuschkasten: *Look, what is it?*
H meldet sich und benennt die Sachen.
K sprechen jeweils nach.
L: *Yes, it is a ...*

Spiel: Feel it!
Einem Kind werden Augen verbunden. Es soll einen Gegenstand durch Tasten erraten:
Is it a pen?... – Yes, it is./No, it isn't. Wenn der Gegenstand erraten wurde, ist ein anderes Kind an der Reihe.

Lippenspiel
L: *Now look at my lips and guess what I say.* L formt die Lippen lautlos zu allen Schulsachen.
K sollen an den Lippen ablesen, um welchen Gegenstand es sich jeweils handelt.
K spielen das Lippenspiel selbstständig in Gruppen.

Spiel: We Pack Our School Bag
L: *Let us play* ***We Pack Our School Bag.*** *I take the ruler and put it in my bag. You,* (L zeigt auf ein K) *put the ruler and a book – two things – in your bag. And you* (L zeigt auf ein weiteres K) *put this, that, and a third thing in your bag, and so on.* (L unterstützt mit Gesten.)
Das Spiel ist zu Ende, wenn ein Spieler die Reihenfolge der Gegenstände verwechselt oder nicht weiter weiß.

Arbeitsblatt (L: *Read and match the children with their things. Colour the things.*)
L und K lesen gemeinsam. K verbinden die Kinder mit ihren Schulsachen und malen die Gegenstände in den vorgegebenen Farben an.

Materialblatt: Domino cards (L: *Colour the cards and cut them out.*)
K malen die Karten an und schneiden sie aus.

Lied: Goodbye

15	Arbeitsblatt	Name:

1. Match the children with their things.
2. Colour the things.

Betty has got a pink pencil case.
John has got a yellow ruler.
Jim has got an orange book.
Peter has got a green rubber.
Eve has got a purple paintbox.
Jill has got a black pen
and a white exercise book.

John

Eve

Jim

Betty

Peter

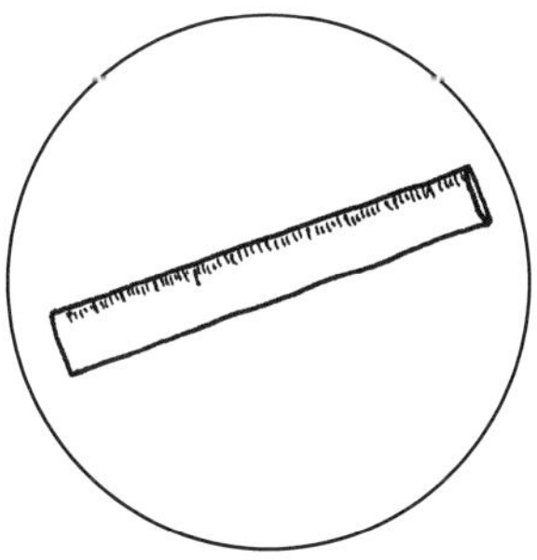

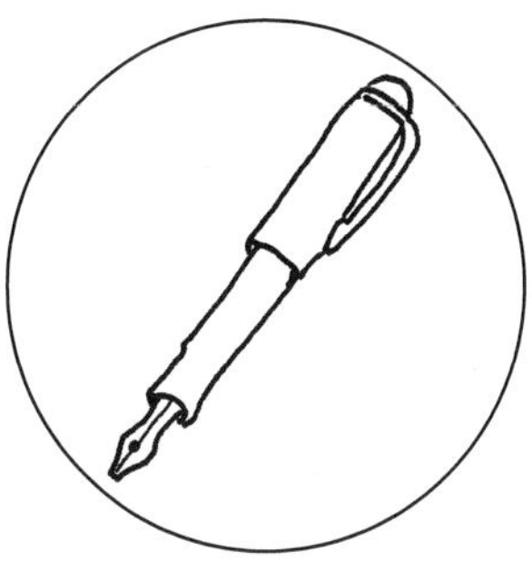

Jill

15 Material: Domino cards – school things

rubber	school bag	pencil case	paintbox	blackboard
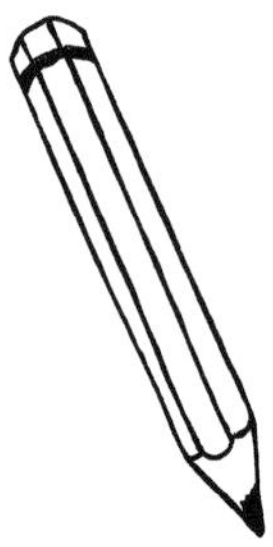		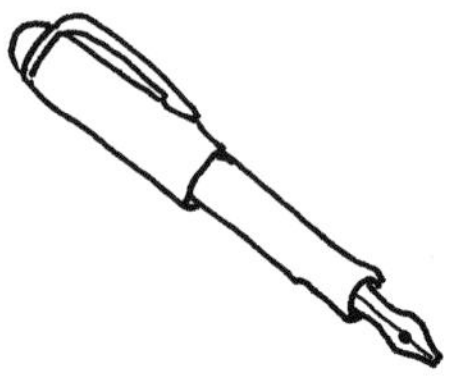		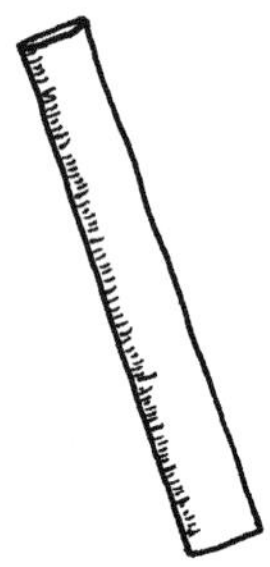
pencil	book	pen	exercise book	ruler
	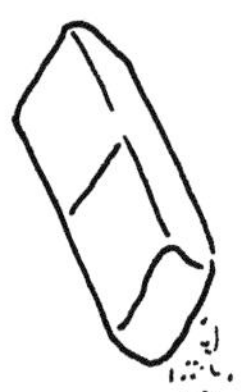		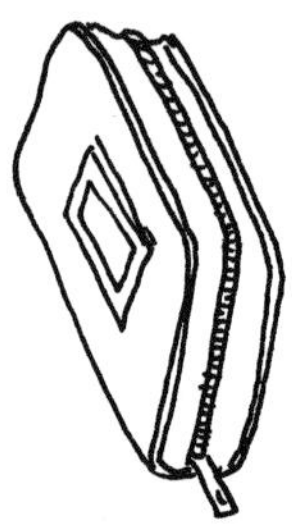	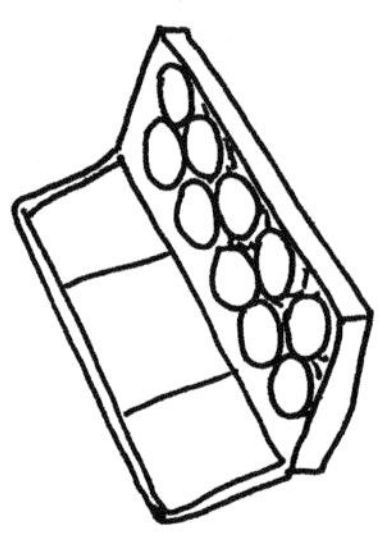

Thema

Numbers

Material

Handpuppe, CD-Player mit CD 1, evtl. Zahlenkärtchen (s. S. 46, Material: Number cards), Arbeitsblatt, evtl. Liederblatt, Buntstifte

Wörter/Sätze

What number is it?
numbers ...,
colours ...

Ablauf

Reim: Pretty Little Dutch Girl (mit Bewegungen)

L zählt gemeinsam mit K bis 10.
L: *Now show me four (six, eight ...) fingers!*

L hält eine bestimmte Anzahl Finger hoch und fragt: *What number is it?*
Zuerst antwortet H, dann K.

Gruppenarbeit (3–6 K)
K 1 zeigt eine bestimmte Anzahl Finger und fragt: *What number is it?*
K 2: *It is (four) ...*

L hat **Tafelbild** vorbereitet: Zahlen von 1–10 mit den entsprechenden Zahlwörtern. K lesen die Zahlen.

Lippenspiel
L: *Look at my lips. What number is it?* L formt die Lippen lautlos zu allen Zahlen. K sollen an den Lippen ablesen, um welche Zahl es sich jeweils handelt. K spielen das Lippenspiel selbstständig in Gruppen.

Spiel: Change Places!
Die Kinder sitzen im Stuhlkreis. L teilt jedem eine Zahl von 1 bis 10 zu: *(Peter, Mary, Susan, Tom), you are* ***one****. (John, Jim, Betty, Anne), you are* ***two*** usw.
Wenn alle ihre Zahl kennen, beginnt das Spiel. L ruft z. B.: *Number* ***two*** *and number* ***four*** *change places!*
Daraufhin wechseln alle Kinder mit der 2 und der 4 ihre Plätze.
Wenn L ruft: ***All numbers*** *change places!*, springen alle Kinder auf und suchen sich einen neuen Platz.

L führt ein neues Lied ein: Ten Little Indians (s. S. 10).
Bewegungen zum Lied:
Jeweils 10 Kinder stellen sich vor die Klasse. Jedes Kind bekommt eine Zahl von 1 bis 10 zugeteilt. Es wird durchgezählt, damit jeder seine Zahl kennt. L: *Stand in a line, please. You go down, when you hear „One"* (L zeigt dabei auf K 1 und macht es vor). *You go down, when you hear „Two"* (L zeigt dabei auf K 2) ... Während K sich bei der ersten Strophe nacheinander hinhocken sollen, stehen sie bei der zweiten Strophe nach und nach wieder auf: *Then you get up again.*

Arbeitsblatt (L: *Fill in the numbers and colour the things.*)
K zählen die Gegenstände und tragen die Zahlen ein. Sie malen entsprechend der Vorgaben an.

Lied: Ten Little Indians

16	Arbeitsblatt	Name: ______________

Fill in the numbers and colour the things.

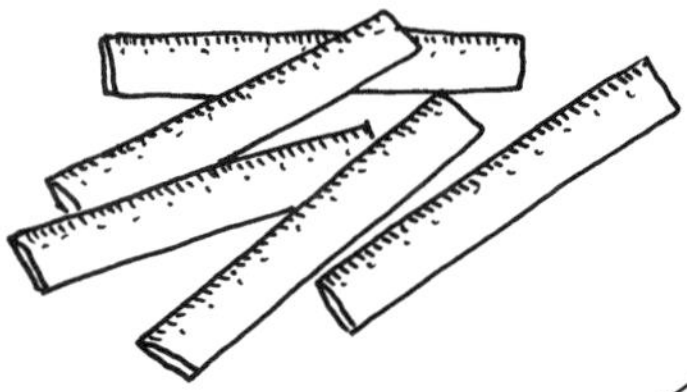

five rulers
(two are blue)

______ pencils
(two are green)

______ rubbers
(seven are red)

______ pencil cases
(one is purple)

______ balls
(six are yellow)

______ exercise books
(three are white)

______ books
(five are yellow)

______ school bags
(four are pink)

Bergedorfer Grundschulpraxis: Englisch – 3. Klasse, Band 1

16 Lied: Ten Little Indians

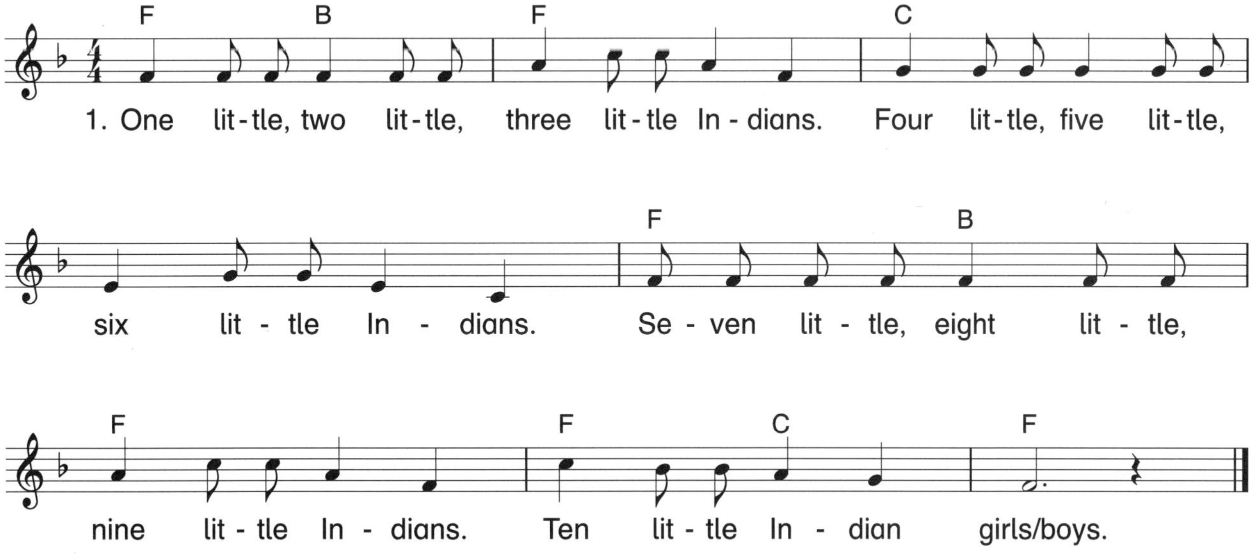

Thema

School things/Prepositions

Material

Handpuppe, Tasche mit Schulsachen (s. Wortschatz), Arbeitsblatt, Buntstifte

Wörter/Sätze

on, under, beside, table,
book, pen, pencil,
rubber, ruler, exercise
book, paintbox,
school bag

Ablauf

Lied: Ten Little Indians (mit Bewegungen)

L holt Schulsachen aus der Tasche, H benennt sie jeweils.
L zeigt auf ein Buch: *Look, the book is on the table. Where is the book?*
H: *The book is on the table.*
K wiederholen jedes Mal.
L: *Look, where is the pencil?*
H: *The pencil is on the table and beside the book.*
L legt einen Bleistift auf das Buch.
H lacht: *Now the pencil is on the book. Where is it?*
K: *The pencil is on the book.*
H: *Yes. But now the book is under the pencil.*
K: *The book is under the pencil.*
H setzt sich auf das Buch und fragt: *Where am I?*
L: *You are on the book.*
K wiederholen.

L baut einen Turm aus mehreren Gegenständen, z. B.: *The book is on the school bag, the pencil case is on the book. The ruler is on the pencil case, the rubber is on the ruler. Isn't it fine?*

L: *Please, put your ruler on/under/beside the rubber.* L macht entsprechende Gesten.
K handeln entsprechend.

Gruppenarbeit (3–4 K)
K legen mehrere ihrer Sachen aufeinander und nebeneinander und sprechen dazu, z. B.: *Look, the book is on the exercise book. The exercise book is under the book. The pencil is beside the exercise book …*

L legt den Stift auf das Buch: *Is the book on the pencil?*
H: *No, it isn't. It is under the pencil.*

Gruppenarbeit (3–4 K)
K bauen Türme und stellen sich gegenseitig Fragen, z. B.: *Is the book on the pen? – No, it isn't. It is under the pen.*

Arbeitsblatt (L: *Is it correct? Mark it with a cross!*)
K prüfen die Aussagen und kreuzen die richtigen Antworten an.

Lied: Five in the Bed

17 Arbeitsblatt

Name: ____________________

The exercise book is
on the pencil case.

yes	no
X	

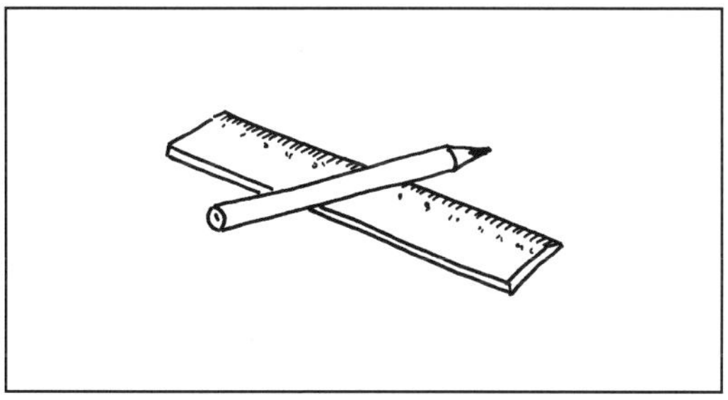

The pencil is
beside the ruler.

yes	no

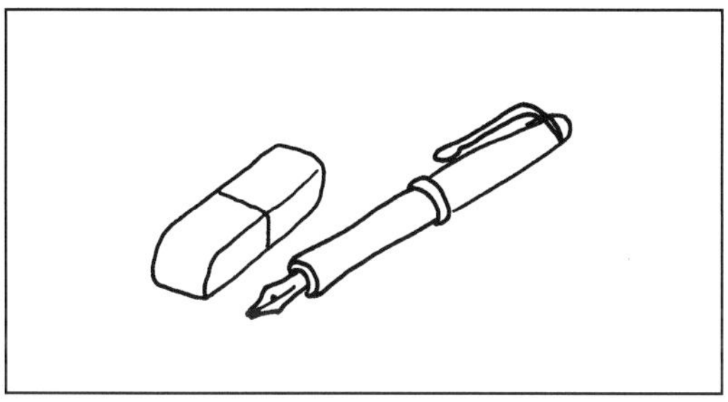

The rubber is
under the pen.

yes	no

The pen is
beside the book.

yes	no

The book is
under the paintbox.

yes	no

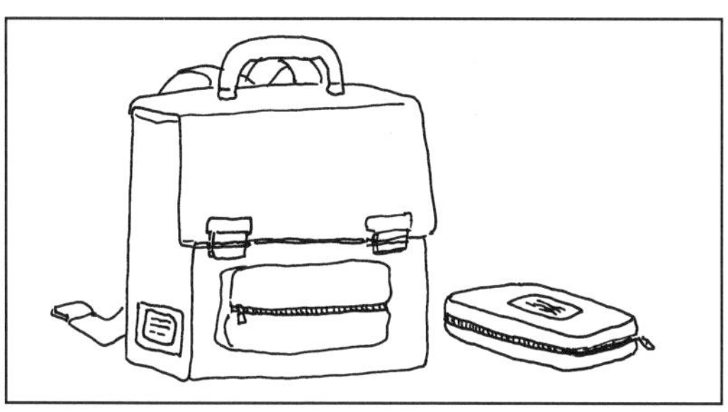

The pencil case is
beside the school bag.

yes	no

Thema

Clothes/Colours

> **Wörter/Sätze**
>
> *this is,* ***these are, T-shirt, cap, sweater, shoes, socks, trousers,*** *colours …*

Material

Handpuppe, Köfferchen mit Kleidungsstücken (s. Wortschatz), Wäscheleine, Wäscheklammern, Arbeitsblatt, Materialblatt: Memory cards – clothes (auf Pappe kopiert), Schere, Buntstifte

Ablauf

L und H schleppen ein Köfferchen in die Klasse und stellen es mit einem erleichterten „Uff" auf den Tisch.
H: *What a heavy bag!*
L: *Why have you got such a heavy bag, (Jimmy)?*
H: *I want to go on holiday next weekend. And these are the things I need for my holiday.*
L: *Let us see, what things there are in your bag. Open your bag.* (L unterstützt mit entsprechenden Gesten.)
H packt die Kleidungsstücke aus und benennt dabei die einzelnen Teile: *This is a cap, these are trousers ...*
L und K sprechen jeweils nach.
L: *What a lot of things!*
L hält alles nacheinander hoch und benennt es noch einmal.
K sprechen jeden Satz nach.
(Besonders auf den Unterschied von ***this is*** und ***these are*** achten, deutlich vorsprechen, ggf. auf Deutsch den Unterschied erklären.)

L spannt eine Wäscheleine im Klassenzimmer, hängt die Kleidungsstücke auf und fragt: *What is it?*
K antworten zuerst im Chor, dann einzeln.
Jeweils ein K geht zur Wäscheleine, zeigt auf ein Kleidungsstück und fragt: *What is it?*
K antworten.

L zeigt auf die eigene Kleidung und fragt z. B.: *Is my T-shirt green?*
K: *Yes, it is./No, it isn't.*
K zeigen auf ihre eigenen Sachen und stellen sich gegenseitig Fragen, z. B.: *Are my trousers red?*
(Dabei kommen evtl. weitere Kleidungsstücke vor, wie Rock oder Kleid, die aber nicht gesondert geübt werden sollten.)

Gruppenarbeit (3–6 K)
K fragen sich gegenseitig: *Is this a (T-shirt)?,* und geben die entsprechenden Antworten *(Yes, it is./No, it isn't.).*

Arbeitsblatt (L: *Complete the clothes and colour them.*)
K vervollständigen das Bild und malen es an, während L herumgeht und sagt/fragt:
Show me a red T-shirt/a green sweater … What colour are your trousers?
K: *My trousers are (yellow).*

Materialblatt: Memory cards (L: *Colour the cards and cut them out.*)
K malen die Karten an und schneiden sie aus.

Lied: Five in the Bed

18	Arbeitsblatt	Name:

Complete the clothes.

18 Material: Memory cards – clothes

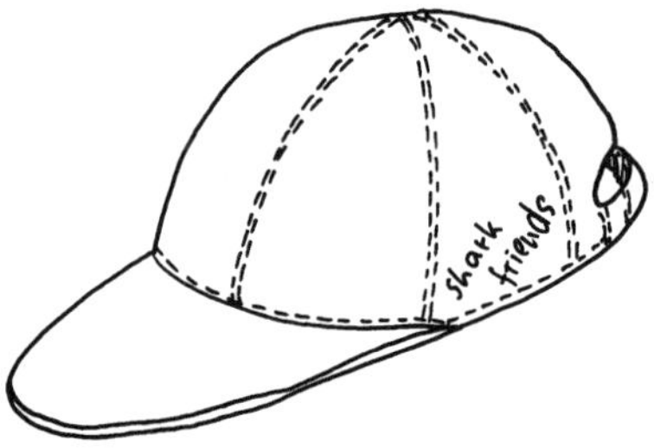

T-shirt

cap

sweater

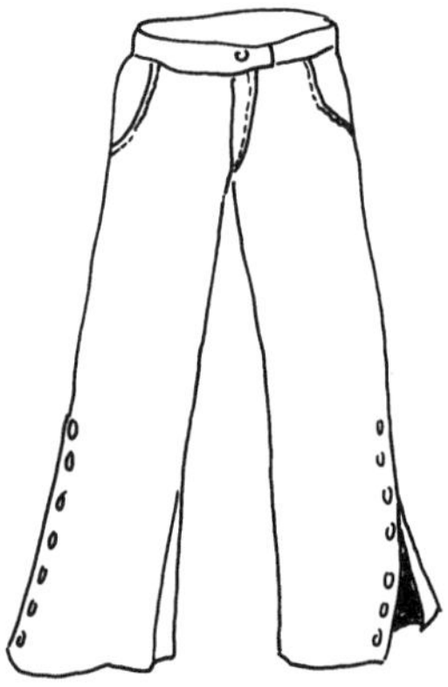

socks

trousers

shoes

Thema

Visiting

Material Handpuppe, CD-Player mit CD 1, Tischdecke, Korb mit Geschirr und Lebensmitteln (s. Wortschatz), Arbeitsblatt, Materialblatt: Memory cards – food and drinks (auf Pappe kopiert), Schere, Buntstifte

Wörter/Sätze

Come in!
Sit down, please!
What would you like?
I would like …
No, thank you.
glass, plate, milk,
tea, toast, cookies,
orange juice, water

Ablauf

Lied: Good Morning

Ein Tisch wird in die Mitte geschoben, zwei Stühle daneben gestellt. H sitzt auf dem Tisch.
L packt die Sachen aus dem Korb und benennt sie dabei:
This is a glass. This is a plate. These are cookies …

L fragt H z. B.: *Is this a glass?*
H: *Yes, it is./No, it isn't. It's a plate.*
K sprechen im Chor nach.
K fragen sich gegenseitig.

Spiel: Visiting
L: *Now let us play* ***Visiting****.* L setzt sich an den Tisch und unterstützt mit entsprechenden Gesten oder H gibt geflüsterte Erklärungen.
L: *Who would like to visit me? – (Susan)! Fine. Here is my door and this is my doorbell.*
(Susan): *Ding-dong!*
L: *Hello!*
(Susan): *Hello!*
L: *Come in. Sit down, please. What would you like? Milk? Cookies?*
(Susan) z. B.: *No, thank you.*
L: *Orange juice?*
(Susan) z. B.: *Yes, please. Thank you. Mmh, good.*
L zu H: *What would you like, (Jimmy)?*
H: *I would like cookies.*
L reicht H die Kekse.
Danach kommen einige Kinder an den Tisch und spielen Visiting.

Partnerarbeit
K besuchen sich gegenseitig und führen den Dialog (s. o.).

L führt einen neuen Reim ein: Pat-a-Cake (s. S. 10).
Pat-a-cake, pat-a-cake, baker's man.
Bake me a cake as fast as you can.
Pat it, and prick it, and mark it with B,
and put it in the oven for baby and me.

Arbeitsblatt (L: *Read and colour.*)
L und K lesen den Reim gemeinsam. K malen das Bild an.

Materialblatt: Memory cards (L: *Colour the cards and cut them out.*)
K malen die Karten an und schneiden sie aus.

19	Arbeitsblatt	Name:

Pat-a-cake, pat-a-cake, baker's man.
Bake me a cake as fast as you can.
Pat it, and prick it, and mark it with B,
and put it in the oven for baby and me.

19 Material: Memory cards – food and drinks

cookies	**toast**	**tea**

orange juice	**milk**	**water**

Thema

Birthday

Wörter/Sätze

How old are you?
I'm ... years old today.
Happy birthday, dear ...!
birthday cake, candles,
plates, glasses,
his, her, he, she,
numbers ..., colours ...

Material

Handpuppe, CD-Player mit CD 1, Kuchen, Kerzenhalter mit Kerzen, Teller, Gläser, Papierkronen (s. Material: Crown, Hinweis: f. Handpuppe verkleinern, f. K. etw. vergrößern) und Papierhütchen (s. S. 39, Material: Hat), Arbeitsblatt, evtl. Liederblatt, Buntstifte

Ablauf

Lied: Ten Little Indians (mit Bewegungen)

H mit Papierkrone auf dem Kopf: *It's my birthday today!*
L: *Happy birthday, dear (Jimmy)!*
K: *Happy birthday, dear (Jimmy)!*
H: *Thank you.*
L: *How old are you?*
H: *I'm ten years old today.*
L: *Oh, fine.*

Geburtstagsbräuche in England (L erklärt die Bräuche.)

1. Das Geburtstagskind mit vier Leuten an Armen und Beinen packen und für jedes Lebensjahr einmal hochwerfen, danach ein zusätzliches Mal hochwerfen, um ihm Glück zu bringen.
2. Das Geburtstagskind für jedes Lebensjahr (vorsichtig) einmal an den Haaren ziehen.

L und 3 K fassen H an Armen und Beinen und werfen ihn 11-mal in die Luft.
L: *(Susan), would you like to wish happy birthday to (Jimmy)?*
(Susan): *Happy birthday, (Jimmy)!*
K führen den Dialog (s. o.).

L führt ein neues Lied ein: Happy Birthday (s. S. 10).

Spiel: Birthday
L deckt einen Geburtstagstisch mit Kuchen, Kerzen, Tellern und Gläsern und benennt dabei die Gegenstände: *This is the birthday cake, these are the candles, the plates, and the glasses.*
Vier Kinder setzen sich an den Tisch, eins davon spielt das Geburtstagskind. Es trägt eine Papierkrone, die anderen tragen Papierhütchen.
Geburtstagskind (mit Unterstützung von L): *I'm (Donald). It's my birthday.*
K: *Happy birthday, dear (Donald).* – Geburtstagskind: *Thank you.*
K: *How old are you?* – Geburtstagskind: *I'm (nine) years old today.*
K singen das **Lied: Happy Birthday**.
L: *This is (Donald). It's his birthday. He is (nine) years old today.*
K zeigen auf das Geburtstagskind und sprechen im Chor und einzeln nach.

Gruppenarbeit (3–6 K)
K spielen Geburtstag und führen das Gespräch (s. o.).

Arbeitsblatt (L: *Read, fill in the numbers, colour the candles, and draw the candles on your birthday cake.*)
L und K lesen gemeinsam. K bearbeiten die Aufgaben.

Reim: Pretty Little Dutch Girl (mit Bewegungen)

20	Arbeitsblatt	Name:

1. Fill in the numbers.
2. Colour the candles.
3. Draw the candles on your birthday cake.

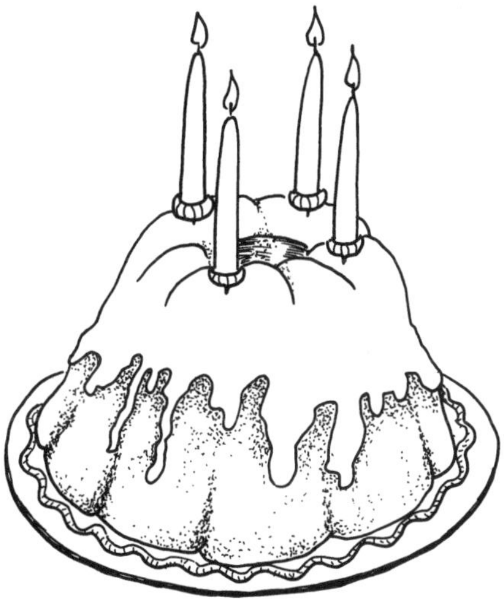

This is Jim's birthday cake.
He is **four** years old.
The candles are **red**.

This is Susan's birthday cake.
She is ________ years old.
The candles are **blue**.

This is Betty's birthday cake.
She is ________ years old.
The candles are **pink**.

This is **your** birthday cake.
How many candles
must you draw?

Birthday/Numbers/Colours

Material: Crown

Auf goldenes/gelbes Tonpapier kopieren, dabei verkleinern/vergrößern.
Teile ausschneiden und aneinander kleben.

20 Lied: Happy Birthday

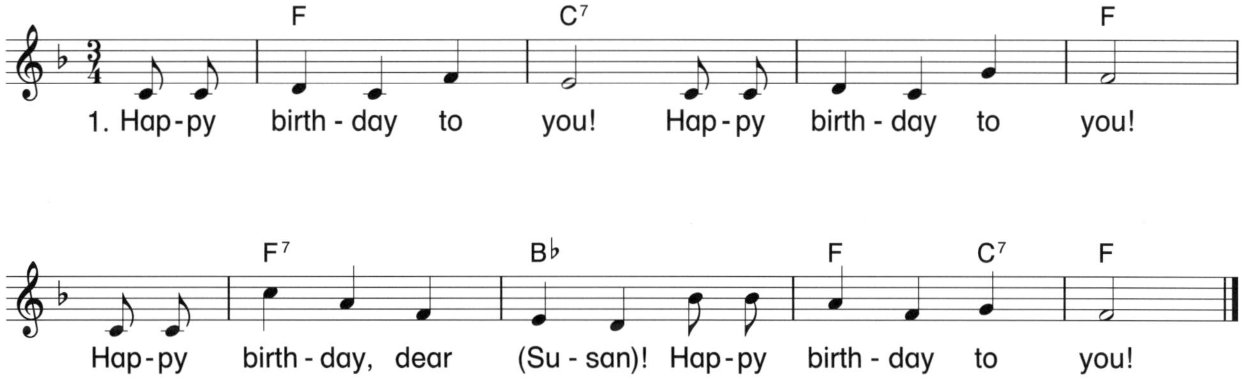

Thema

Asking for something/Prepositions

Material

Handpuppe, eingewickeltes Geschenk, Schulsachen, Arbeitsblatt, Buntstifte

Wörter/Sätze

*Please, **give me ...!***
Here you are! Where is ...?
birthday present,
in, on, under, beside,
school things ...

Ablauf

Lied: Happy Birthday

L reicht H ein Geburtstagsgeschenk: *(Jimmy), this is your birthday present.*
H: *A present for me? Oh, that's nice! Thank you.*
H hält das Geschenk hoch: *This is my birthday present.*
K sprechen nach.

L hält einzelne Schulsachen hoch und fragt zunächst H, dann K: *What is it?*
H und K antworten.

Wiederholung der Präpositionen:
L legt jeweils zwei Gegenstände aufeinander und fragt z. B.: *Where is the birthday present?*
H: *The birthday present is under the book. Where is the pencil, (Susan)?*
(Susan): *The pencil is beside the rubber.*
K fragen sich gegenseitig.

Lied: Two Little Dicky Birds (mit Bewegungen)

H zu L: *Please, give me the book.*
L: *Here you are.* L nimmt das Buch und gibt es H.
H: *Thank you. Please, give me the pencil.*
L: *Here you are.*
K sprechen im Chor nach, was L sagt.
L bittet K um verschiedene Gegenstände, z. B.: *Please, give me your pencil case, (Anne).*

Partnerarbeit
K bitten sich gegenseitig um Gegenstände: *Please, give me ... – Here you are. – Thank you.*

Spiel: Robots
Vier Kinder stellen sich vor die Klasse. Sie sind Roboter und bekommen von den anderen Kindern Aufträge, z. B.: *Please, give me a pencil case.* Beim Erledigen der Aufträge bewegen sich die Kinder wie Roboter und sprechen abgehackt: *Here – you – are.*

Arbeitsblatt (L: *Read and draw the present.*)
K lesen den Sprechblasentext und zeichnen das Geschenk in der Verpackung.

Lied: Pretty Little Dutch Girl (mit Bewegungen)

21	Arbeitsblatt	Name:

Draw the present.

Asking for something

Thema

Clothes/Colours

Material Handpuppe, Straßenkreide, Arbeitsblatt, Buntstifte

Wörter/Sätze

grey, brown, *red, blue, yellow, black, white, pink, purple, green, clothes … What colour is/are …? Please, give me …! Here you are!*

Ablauf

Lied: Ten Little Indians (mit Bewegungen)

L hat **Tafelbild** vorbereitet**:** Farbkleckse in den bekannten Farben und in Grau und Braun.
L wiederholt die Farben, anschließend werden die neuen Farben eingeführt.

L fragt nach den Farben, z. B.: *What colour is my sweater?*
H: *Your sweater is (grey).*
K sprechen nach.
L: *What colour are my shoes?*
H: *Your shoes are (brown).*
K sprechen nach.
K fragen sich gegenseitig nach den Farben ihrer Kleidungsstücke.

Lied: Tom's Ball Is Blue

Spiel: Robots
Vier Kinder stellen sich vor die Klasse. Sie sind Roboter und bekommen von den anderen Kindern Aufträge, z. B.: *Please, give me a red shoe.* Beim Erledigen der Aufträge bewegen sich die Kinder wie Roboter und sprechen abgehackt: *Here – you – are.*

Spiel: Mr Crocodile (Auf dem Schulhof)
Mit Kreide wird ein Fluss auf den Boden gemalt. Die Kinder stehen auf einer Seite vom Fluss. Ein Spieler, „Mr Crocodile", steht auf der anderen Seite. Die Kinder rufen: *Mr Crocodile, who may cross the river?*
„Mr Crocodile" ruft z. B.: ***Red** and **blue** may cross the river.* Nun laufen alle über den Fluss, und „Mr Crocodile" versucht eins der Kinder zu fangen, das kein Rot oder Blau in seiner Kleidung hat. Das gefangene Kind ist im nächsten Spiel „Mr Crocodile".
Alternative: Die gefangenen Kinder werden zu weiteren Krokodilen, sodass mehrere Spieler zu Fängern werden. Dabei muss aber vereinbart werden, wer rufen darf.

Arbeitsblatt (L: *Colour the things.*)
K malen die Gegenstände in den vorgegebenen Farben an.

Lied: Ten Little Indians (mit Bewegungen)

22	Arbeitsblatt	Name:

Colour the things.

brown

grey and red

pink, yellow, and blue

green

blue and red

blue, orange, and purple

Thema

Activities

Material

Handpuppe, OHP, Folie 3, Arbeitsblatt, Buntstifte

Wörter/Sätze

writing, walking, reading, jumping, dancing, singing, *he, she, you*

Ablauf

Lied: Ten Little Indians (mit Bewegungen)

L zeigt auf H, der schreibt.
L: *Look, (Jimmy) is writing.*
H nickt: *Yes, I'm writing.*
L: *He is writing.*
K sprechen nach.

L zeigt **Folie 3** und führt anhand der Abbildungen die Verben ein.
L zeigt auf die entsprechenden Bilder: *She/He is walking/reading/jumping/singing/writing/dancing.*
H und K sprechen jeweils nach.

L ruft ein Kind nach vorn: *Please, jump!*
K hüpft.
L fragt die Klasse: *What is she/he doing?*
K: *She/He is jumping.*
L verfährt genauso mit den anderen Verben.

L schreibt die Wörter zu den entsprechenden Abbildungen auf die Folie.

Pantomimespiel
L stellt die Verben pantomimisch dar und fragt H: *(Jimmy), can you guess, what I'm doing?*
H: *You are (writing).*
L: *Correct. I'm (writing).*
Dann fragt L die Kinder: *What am I doing?*
K antworten.
K stellen selbst Verben pantomimisch dar und lassen sie erraten.

Arbeitsblatt (L: *Read and write.*)
L liest die vollständigen Sätze. Dann liest H, danach lesen K: *Susan is writing ...*
K schreiben die richtigen Verben in die Lücken.

Lied: Five in the Bed

23	Arbeitsblatt	Name: ____________________

Choose the right word.

Susan is ____________________.

singing
writing

Peter is ____________________.

jumping
reading

Jill is ____________________.

writing
walking

Nick is ____________________.

jumping
singing

Robert is ____________________.

dancing
reading

Mary is ____________________.

singing
reading

FOLIE 3

Thema

Activities

Material

Handpuppe, OHP, Folie 4, evtl. Folie 3, CD-Player mit CD 1,
Angelrute (Stock mit Kordel), Ball, Arbeitsblatt,
evtl. Liederblatt, Buntstifte

Wörter/Sätze

What ist he/she doing?
fishing, smiling,
laughing, skating,
riding, playing,
girl, boy, he, she

Ablauf

Lied: Good Morning

L wiederholt die bekannten Verben, evtl. anhand von **Folie 3**.
L zeigt **Folie 4** und führt anhand der Abbildungen die neuen Verben ein.

L zeigt auf die entsprechenden Bilder und fragt H z. B.: *What is this girl doing, (Jimmy)?*
H: *She is fishing.*
K sprechen im Chor nach.
L: *The girl is fishing. She is fishing.*
L zeigt auf den spielenden Jungen: *This boy is playing. He is playing.*
K wiederholen im Chor, dann einzeln.

L schreibt die Wörter zu den entsprechenden Abbildungen auf die Folie.

L führt ein neues Lied ein: One, Two, Three, Four, Five (s. S. 10).

Ein Junge und ein Mädchen kommen nach vorn. L gibt dem Mädchen die Angel; es setzt sich damit auf einen Tisch und „angelt". Der Junge bekommt einen Ball und spielt damit.
L: *What is (Kevin) doing*?
H: (*Kevin) is playing. He is playing.*
K sprechen nach.
L: *And what is (Sally) doing?*
H: *(Sally) is fishing. She is fishing.*
K sprechen nach.
L verfährt genauso mit den anderen Verben.

Pantomimespiel
Jeweils ein Kind sucht sich eins der sechs Verben aus und stellt es pantomimisch dar.
K fragen: *What is (Susan) doing?*
Andere Kinder antworten: (*Susan) is riding. She is riding …*
(Darauf achten, dass der Satz mit dem Pronomen immer mitgesprochen wird!)

Gruppenarbeit (3–4 K)
Die Kinder stellen pantomimisch Tätigkeiten dar und fragen sich gegenseitig:
What is he/she doing?
Sie geben die entsprechenden Antworten.

Arbeitsblatt (L: *Each child has caught a fish. Paint child and fish in the same colour.*)
K malen die zusammengehörenden Kinder und Fische in derselben Farbe an.

Lied: Goodbye

24	Arbeitsblatt	Name:

Paint child and fish in the same colour.

24 Lied: One, Two, Three, Four, Five

Thema

Christmas time

Material

Handpuppe, OHP, Folie 5, CD-Player mit CD 1 und neutraler Musik-CD, Arbeitsblatt, evtl. Liederblatt, Buntstifte

Wörter/Sätze

merry Christmas, a happy New Year, *I would like …,* ***car, inline skates, plane, doll, teddy bear,*** *book, ball, cap, trousers, sweater, shoes, socks, pencil case, T-shirt*

Ablauf

Lied: Good Morning

Englische Bräuche zu Weihnachten (s. S. 128, 6.1.1)
L erklärt die Bräuche, evtl. zusammen mit H, der einiges auf Englisch ergänzt, was dann von L auf Deutsch wiederholt wird.
Dabei zeigt L **Folie 5**.
L und K vergleichen das englische und deutsche Weihnachtsfest miteinander.

L: *Let's say Merry Christmas to the boys and girls in this classroom. Go around for that.*
K gehen zu neutraler Musik durch die Klasse. Wenn die Musik stoppt, wünschen sie dem gegenüberstehenden Kind *Merry Christmas.*

L: *Let's wish a happy New Year to the other children.*
K gehen wieder zur Musik umher und wünschen den anderen, die sie treffen, *a happy New Year,* wenn die Musik stoppt.

L führt ein neues Lied ein: We Wish You a Merry Christmas (s. S.10).

K sprechen über ihre Weihnachtswünsche.

Arbeitsblatt (L: *Here are some lists with Christmas wishes. Let's read the words together.*)
L und K lesen die Wörter gemeinsam.

L: *Now let us look at the wish lists once more and tell, what* ***we*** *would like for Christmas.*
I would like a (cap) for Christmas, and you, (Susan)?
(Susan): *I would like …, and you, (Tom)? …*

L: *I would like a cap, a ball, and a plane for Christmas. And you, (Mike)?*
K antworten, indem sie jeweils **drei** Wünsche in einem Satz äußern.

Arbeitsblatt (L: *Read and draw or write your Christmas wishes.*)

Lied: We Wish You a Merry Christmas

Draw or write your Christmas wishes.

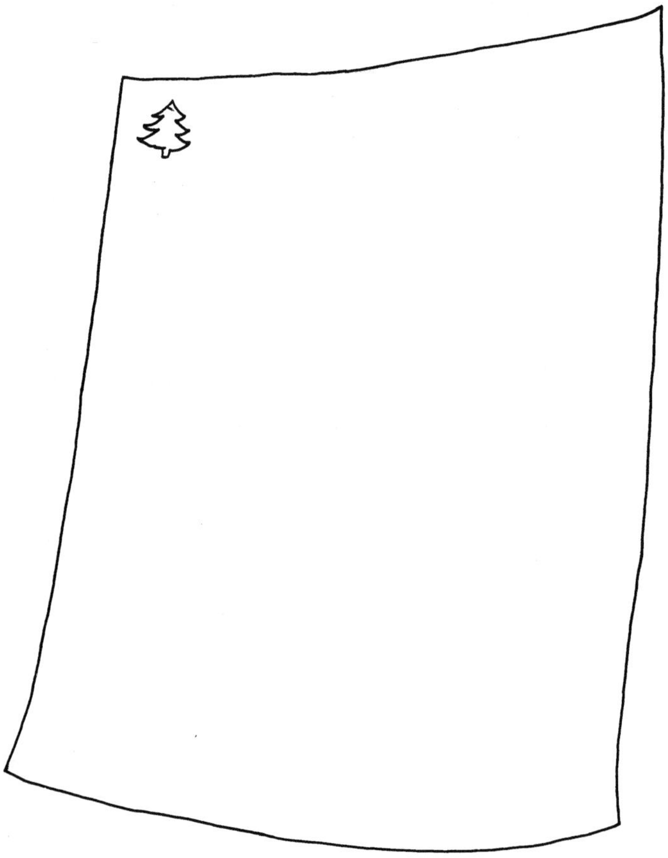

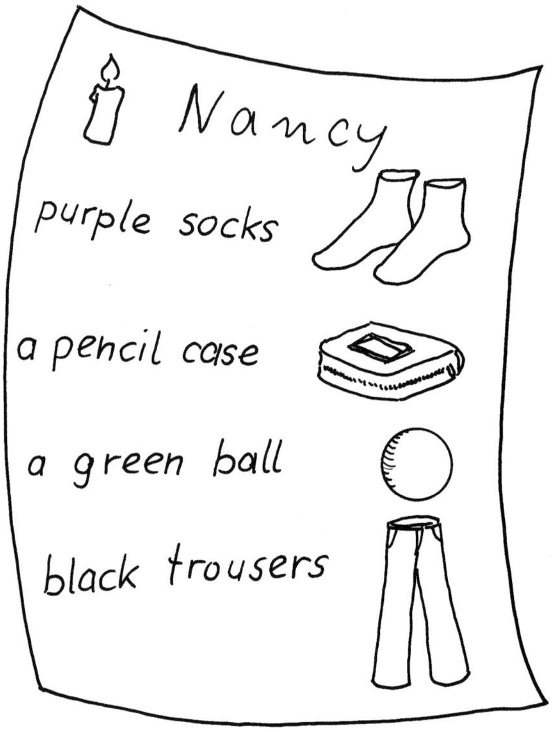

25 Lied: We Wish You a Merry Christmas

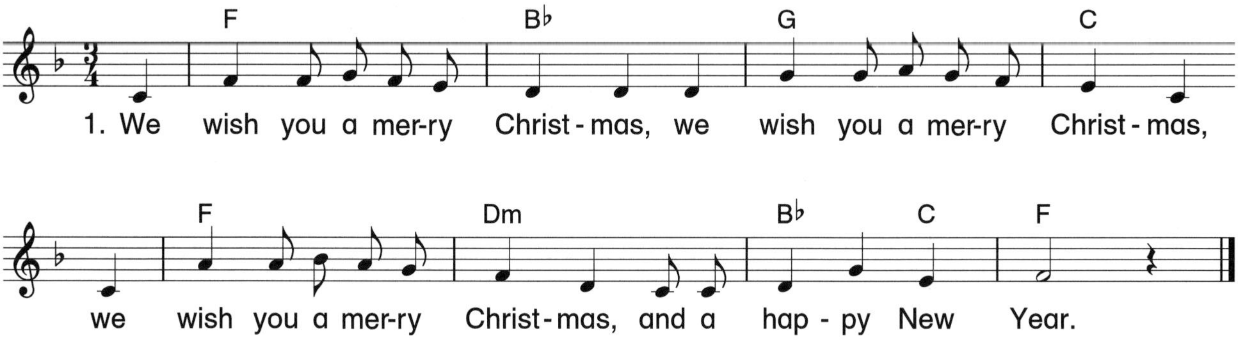

2. We all want some Christmas pudding.
We all want some Christmas pudding.
We all want some Christmas pudding
and a gingerbread man.

Thema

Christmas time

Material

Handpuppe, OHP, Folie 5, CD-Player mit CD 1, verschiedene Spielsachen (s. Wörter), Materialblatt: Christmas cards (auf Tonpapier kopiert), Buntstifte, evtl. Materialblätter: Memory cards – presents (auf Pappe kopiert), Schere

Wörter/Sätze

doll, car, teddy bear, inline skates, plane, ball

Ablauf

Lied: We Wish You a Merry Christmas

L zeigt die Spielsachen: *This is a doll ...*
H und K sprechen nach.
L zeigt auf die Spielsachen und fragt: *Is it a ball? ...*
H: *Yes, it is.*
K stellen sich gegenseitig Fragen nach den Spielsachen (mit *yes*-Antworten).
L zeigt auf das Auto: *Is this a ball?*
H: *No, it isn't. It is a car.*
K stellen sich gegenseitig Fragen (mit *no*-Antworten).

Lippenspiel
L formt die Lippen lautlos zu allen Spielsachen. K lesen von den Lippen ab.

Spiel: What's Missing? (s. S. 13, 4.8)

L führt einen neuen Reim ein: Little Jack Horner (s. S. 10).

Little Jack Horner
sat in a corner
eating his Christmas pie.
He put in his thumb
and pulled out a plum.
And said: "What a good boy am I."

L zeigt **Folie 5**. K sprechen noch einmal über das englische Weihnachtsfest. L weist dabei besonders auf die **Karten** auf dem Kaminsims hin.

Arbeitsblatt (L: *Let us make Christmas cards with "Merry Christmas and a happy New Year" on it.)* K malen die Karten an und schneiden sie aus.

Evtl. **Materialblätter: Memory cards** (L: *Colour the cards and cut them out.*)
K malen die Karten an und schneiden sie aus.

Lied: We Wish You a Merry Christmas

Merry Christmas and a
Happy New Year

Merry Christmas and a
Happy New Year

Material: Memory cards – presents

teddy bear	inline skates	doll
ball	car	plane
cap	book	pencil case
school bag	sweater	trousers

Thema

Christmas time/Colours

Material

Handpuppe, OHP, Folie 6, verschiedene Spielsachen (s. Wörter), Arbeitsblatt, Buntstifte

Wörter/Sätze

has got, hasn't got, *doll, ball, inline skates, book, cap, car, plane, teddy bear, socks, sweater, T-shirt, colours …*

Ablauf

Lied: We Wish You a Merry Christmas

L zeigt **Folie 6**: *Look, this is Pam* (L zeigt auf das Mädchen), *and this is Kevin* (L zeigt auf den Jungen). *They have got a lot of presents on Christmas day. Let's see, what it is.*
L zeigt der Reihe nach auf die Geschenke: *This is a sweater ...*
H und K sprechen nach.

L zieht eine Linie auf der Folie und ordnet damit die Geschenke Pam und Kevin zu.
L: *Look, Pam has got a doll … Kevin has got a plane …*
H und K sprechen nach.

L: *Has Kevin/Pam got a ...?*
H: ***Yes**, he/she **has**.*
K sprechen nach.

L: *Has Kevin/Pam got a …?*
H: ***No**, he/she **hasn't**.*
K sprechen nach.

K fragen sich gegenseitig (*yes*- und *no*-Antworten).

Reim: Little Jack Horner

K legen verschiedene Schulsachen auf ihren Tisch. L stellt Fragen danach, K antworten.
L: *Has (Lilly) got a (pencil)?*
K: *Yes, she has.*
L: *Has (Lilly) got a (red pencil)?*
K: *No, she hasn't.*

Gruppenarbeit (3–6 K)
L verteilt die Spielsachen an einzelne Kinder, sodass sich in jeder Gruppe mindestens ein Spielzeug befindet. K stellen sich gegenseitig Fragen nach den Spielsachen und ihren Schulsachen (und deren Farben).

Arbeitsblatt (L: *Look at the numbers and colour the picture.*)
K malen das Bild nach Zahlen aus.

Lied: Ten Little Indians (mit Bewegungen)

27	Arbeitsblatt	Name:

Colour the Christmas tree:

① *brown*
② *yellow*
③ *pink*
④ *green*
⑤ *red*
⑥ *blue*

LITTLE INDIAN BOY
COLORADOSTAR

Thema

Christmas time/Numbers

Material

Handpuppe, Tasche mit Gegenständen, deren englische Bezeichnungen die Kinder kennen (z. B. Spielzeugautos, -flugzeuge, Bücher, Puppen, Bälle, Stifte, CDs), Arbeitsblatt, Buntstifte

Wörter/Sätze

How many ... has she/he got?
He/She has got ...; ***I/You have got ...***
My number is higher/lower.
cars, planes, books, dolls, balls, pencils, numbers ...

Ablauf

Lied: One, Two, Three, Four, Five

H: *I've got a lot of presents this year for Christmas. I have brought them with me. So you can look at them.*
L packt die Tasche aus und sagt: *These are (Jimmy's) presents. What a lot!*
L holt z. B. 2 Flugzeuge, 6 Autos, 2 Bälle, 7 Stifte, 4 Bücher heraus und fragt: *How many cars has he got?*
K: *He has got (six) cars.*
H bestätigt jedes Mal: *Yes, I have got (six) cars.*
H: *How many cars have I got?*
K: *You have got (six) cars.*

L verteilt an zwei Kinder ein paar Bücher, CDs, Hefte.
H: *Has (Susan/Bob) got cars?*
L: *No, she/he hasn't. She/He has got (three books).*
K wiederholen und fragen sich dann gegenseitig.

Spiel: Change Places! (s. S. 12, 4.6)
Jeder bekommt eine Zahl von 1 bis 10 zugeteilt.

Spiel: What's My Number?
Ein Kind kommt an die Tafel und schreibt für die anderen nicht sichtbar eine Zahl zwischen 1 und 10 auf. Die Kinder versuchen die Zahl so schnell wie möglich herauszufinden. Das Kind vorn gibt jeweils Hinweise: *My number is higher/lower.*
Wenn die richtige Zahl genannt wird, klappt das Kind vorn die Tafel auf und zeigt seine Zahl. Das Kind, das die Zahl erraten hat, geht als Nächstes an die Tafel.

Gruppenarbeit (3–6 K):
L verteilt die Spielsachen. K stellen sich gegenseitig Fragen nach der Anzahl.

Arbeitsblatt (L: *Read and draw the right number of presents.*)
L und K lesen die Sprechblasentexte gemeinsam: *I've got ... (She/He has got ...)*
K zeichnen die Geschenke in die entsprechenden Kästchen.

Lied: We Wish You a Merry Christmas

28	Arbeitsblatt	Name:

Thema

Prepositions

Material

Handpuppe, OHP, Folie 7, CD-Player mit CD 1, Liederblatt, Teddy, Buntstifte

Wörter/Sätze

behind, in front of,
on, under, beside,
teddy bear

Ablauf

Lied: Good Morning

L: *Look, this is my teddy bear (Sam).*
L wiederholt mit Hilfe des Teddys die bisher gelernten Präpositionen und führt anschließend *behind* und *in front of* ein.
L: *Where is my teddy bear?*
H: *Your teddy bear is (behind the school bag) …*
K sprechen jeweils nach.
K fragen sich gegenseitig.

L führt ein neues Lied ein: Five Brown Teddies (s. S. 10).
Dazu zeigt L **Folie 7**.

Anschließend kommen jeweils 5 Kinder nach vorn und setzen sich auf einen Tisch. Zur Musik spielen sie die Handlung des Liedes nach: Jedes Mal bei ***accidentally fall*** fällt das letzte Kind der Reihe (vorsichtig) vom Tisch, bis keins mehr auf dem Tisch sitzt.

Spiel: One, Two, Three
Alle sitzen im Stuhlkreis. Der rechte Stuhl neben L ist frei.
L sagt: *One, two, three, come to me, (John)!* Das gerufene Kind setzt sich neben L auf den freien Stuhl.
Nun ruft das Kind, dessen rechter Nachbarstuhl frei geworden ist: *One, two, three, come to me, (Peggy)!* Usw.
Nach einer Weile, wenn (John) von einem anderen Kind herbeigerufen wurde und der Platz neben L wieder frei ist, ruft L: *One, two, three, come back to me, (John)!*
Die Kinder machen es genauso.

Liederblatt (L: *Colour the picture.*)
K malen das Bild an.

Fantasiereise
L: *Now let us make a fantasy journey. You may take off your glasses, if you want, and put your heads on your arms. You shut your eyes and take a deep breath. Now you relax.*
You see a little teddy bear in the grass. Look, what he is doing! (lange Pause)
Now we'll end our fantasy journey … Open your eyes, take another deep breath, and stretch yourselves.

Lied: Five Brown Teddies

29 Lied: Five Brown Teddies

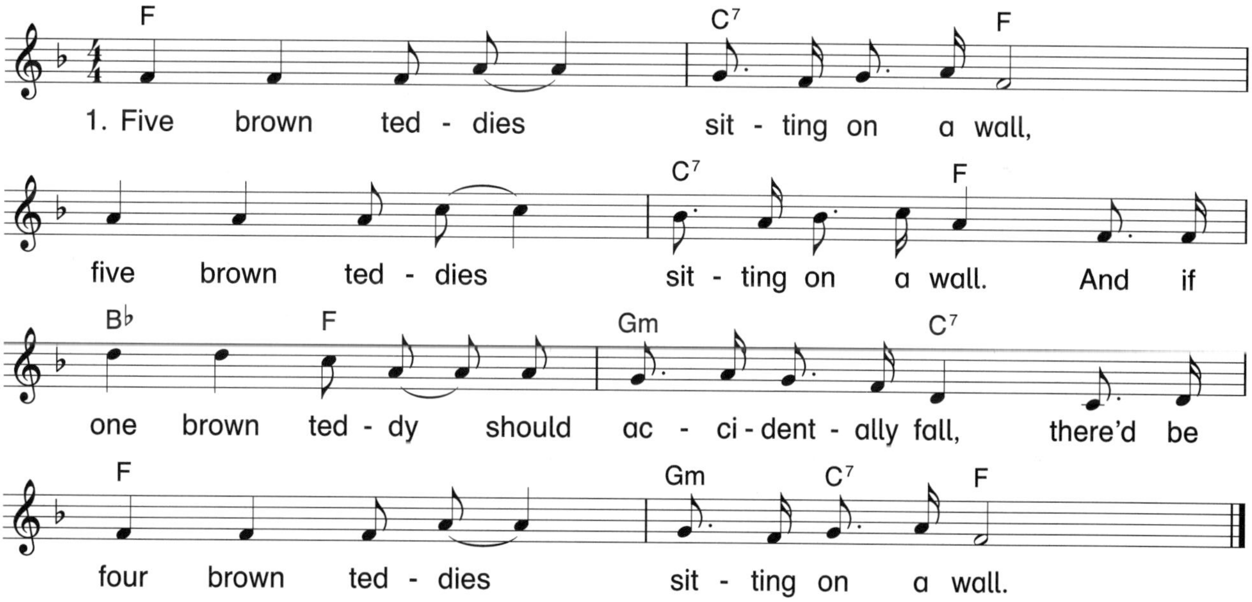

2. Four brown teddies ...

3. Three brown teddies ...

4. Two brown teddies ...

5. One brown teddy sitting on a wall,
one brown teddy sitting on a wall.
And if one brown teddy should accidentally fall,
there'd be no brown teddies sitting there at all!

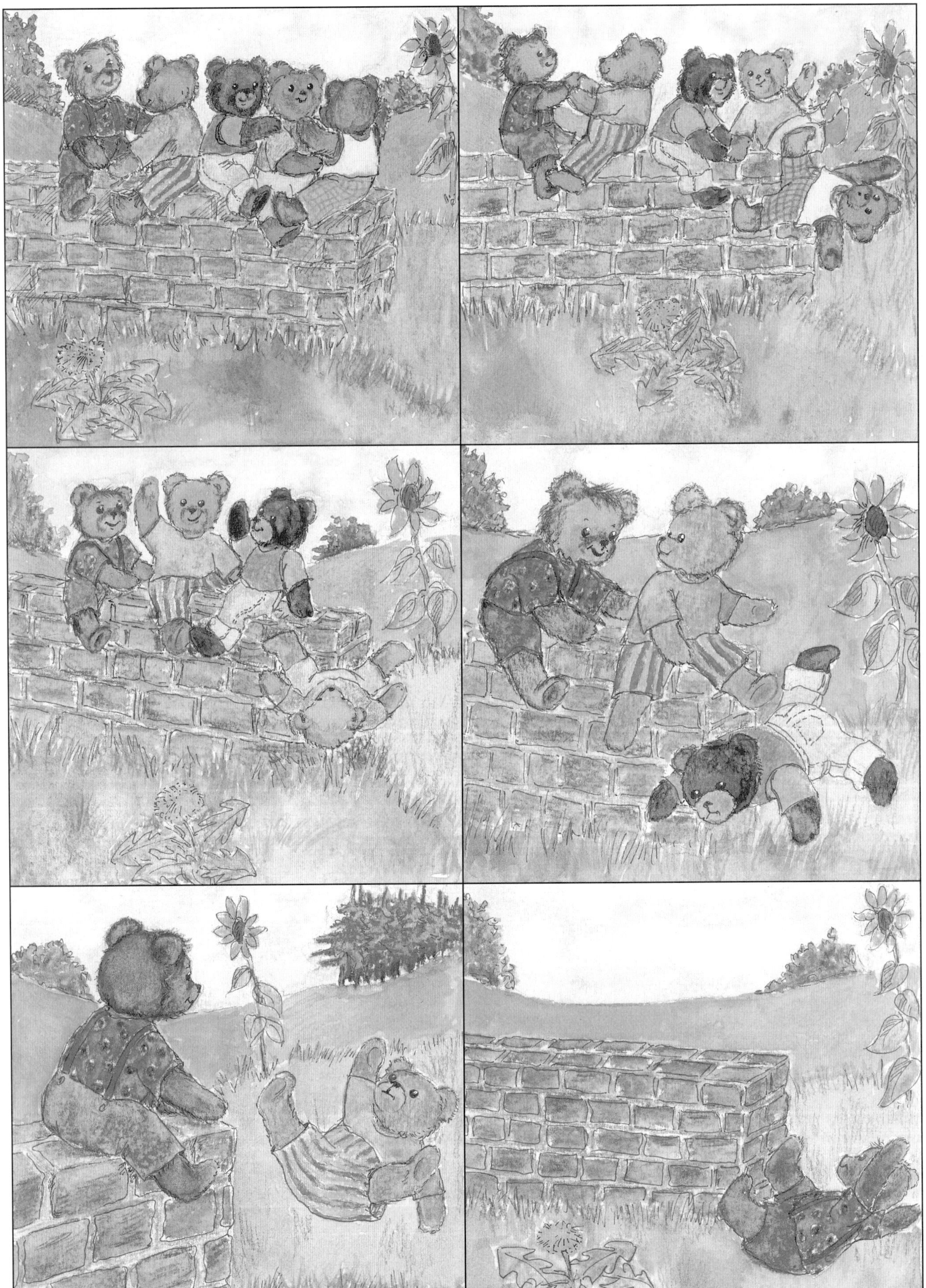

Thema

Prepositions

Material

Handpuppe, verschiedenfarbige Bälle, ein Karton,
Teddy, Tuch, Arbeitsblatt

Wörter/Sätze

chair, box, *table, on, under, beside, behind, in front of, in, between, teddy bear, ball, colours …*

Ablauf

Lied: Five Brown Teddies

Anhand der entsprechenden Gegenstände führt L die Vokabeln *chair* und *box* ein.
H und K sprechen jeweils nach.

L legt einen Ball auf den Stuhl und fragt: *Where is the ball?*
H: *The ball is on the chair.*
K sprechen nach.
L legt einen Ball **unter** den Tisch, **in** den Karton, **zwischen** Karton und Tasche, **unter** den Stuhl, **hinter** die Tasche und **neben** den Karton und fragt jedes Mal: *Where is the ball?*
H und K antworten entsprechend.

L nimmt verschiedenfarbige Bälle: *Where is the (red) ball?...*
K antworten entsprechend.
L: *Is the (red) ball under the chair?*
K: *Yes, it is./No, it isn't.*

L setzt den Teddy an verschiedene Stellen: *Where is the teddy bear?*
K: *The teddy bear is (on the chair).*
L: *Is the teddy bear in the box?*
K: *Yes, it is./No, it isn't.*

Spiel: Where Is the Teddy Bear?
Einem Kind werden die Augen verbunden. Es muss raten, wo der Teddy ist: *Is the teddy bear (under the table)?* Wenn es richtig geraten hat, ist das nächste Kind an der Reihe.

Arbeitsblatt (L: *Read and fill in the right words.*)
L und K lesen gemeinsam. K schreiben die richtigen Präpositionen unter die Abbildungen.

L: *Children, show me the picture, where the teddy bear is on the box/under the table …*
K zeigen auf die entsprechenden Bilder.

L: *Now colour the pictures.*
K malen die Abbildungen an.

Lied: Pretty Little Dutch Girl (mit Bewegungen)

30	Arbeitsblatt	Name:

Fill in the right words.

on **under** **in** **between** **behind** **in front of** **beside**

Thema

The body

Material Handpuppe, Zeichenblatt, Buntstifte

Wörter/Sätze

body, head, arms, eyes, nose, mouth, snowman
This is/These are my …

Ablauf

Lied: Five Brown Teddies

L zeichnet Schritt für Schritt einen Schneemann an die Tafel: *This is a big circle. It's the body. This is a small circle. The small circle is the head. Now I draw two very small circles. These are the eyes. And this is the mouth and this the nose. Now I draw two arms. Ready is my …?*
K raten, um was es sich handelt.
L: *Yes, it's a snowman!*
H: *This is a snowman.*
K sprechen nach.
L zeigt auf die einzelnen Teile: *These are his arms, this is his head ...*
Kinder sprechen jeweils nach.

L verteilt Zeichenpapier: *Now draw a snowman, as big as possible. But wait, step by step. I tell you, what you shall draw.*
L (macht entsprechende Gesten): *Draw a big circle.* L wartet, bis alle einen großen Kreis gezeichnet haben. *Now draw a small circle as a head, two arms …*

Manche Kinder werden vielleicht noch einen Hut, Knöpfe und einen Besen dazuzeichnen. L sollte darauf nicht näher eingehen, es sei denn, K möchten die englischen Bezeichnungen dafür kennen lernen (*hat, buttons, broom*).

L: *Now look at me. This is my body.*
L zeigt auf den eigenen Kopf: *This is my head. And now all together.*
K sprechen im Chor nach.
L: *This is my nose …*

L: *Show me your head and say: This is my head …*
K zeigen auf den entsprechenden Körperteil und benennen ihn.

Fantasiereise
Now let us make a fantasy journey. You may take off your glasses, if you want, and put your heads on your arms. You shut your eyes and take a deep breath. Now you relax.
You look out of the window. And what do you see in the garden? A big white snowman. Look, what he is doing! (lange Pause)
Now we'll end our fantasy journey … Open your eyes, take another deep breath, and stretch yourselves.

L: *Now finish your snowman picture.*
K schmücken ihre Schneemann-Bilder aus.

Lied: Five in the Bed

Thema

The Body/Clothes/Colours

Material

Handpuppe, CD-Player mit CD 1, Arbeitsblatt 1/2, Buntstifte, 2 Papierkronen (s. S. 70, Material: Crown)

Ablauf

Wörter/Sätze

hair, blond, they are ..., *eyes, colours ..., clothes ...*

Lied: Good Morning

L holt je ein Kind mit blonden, schwarzen, braunen und roten Haaren nach vorn:
Let us look at their hair.
L zeigt auf das Kind mit den blonden Haaren: *What colour is his/her hair, (Jimmy)?*
H: *His/Her hair is blond.*
K sprechen nach.
L verfährt genauso mit den anderen Haarfarben.

L: *Now let us look at their eyes. What colour are his/her eyes, (Jimmy)?*
H: *His/Her eyes are brown./They are brown.*
K sprechen nach.
L verfährt genauso mit den anderen Augenfarben.

L: *Now let us look at your hair, (Peter). (Susan), what colour is (Peter's) hair?*
(Susan): *It's ... What colour is (Tom's) hair, (Sarah)? ...*

L fragt K: *What colour is my/your hair?, What colour are my/your eyes?*
K antworten entsprechend.

Gruppenarbeit (3–6 K)
K fragen sich gegenseitig nach der Farbe ihrer Kleidung, Haare und Augen:
What colour is/are my/your/her/his ...

L führt einen neuen Reim ein: Snow Is White (s. S. 10).

	Snow is white.		*Snow is white.*
	Grass is green.		*Grass is green.*
(Jungen):	*I am king.*	(Mädchen):	*I am queen.*
	You are queen.		*You are king.*

Jungen und Mädchen bilden Gruppen. Wenn die Jungen sprechen, zeigen sie bei den letzten Zeilen zunächst auf sich selbst, dann auf die Mädchen. Die Mädchen zeigen bei der letzten Zeile auf die Jungen.
Ein Junge und ein Mädchen setzen die Papierkronen auf und stellen sich vor die Klasse. Sie sprechen die ersten beiden Zeilen gemeinsam, die dritte und vierte Zeile spricht jeder seinen eigenen Text.

Arbeitsblatt 1 (L: *Read and colour.*)
L und K lesen den Reim gemeinsam. K malen das Bild an.

Arbeitsblatt 2 (L: *Colour the hair and the eyes.*)
K malen Haare und Augen in den vorgegebenen Farben an.

Lied: Goodbye

Snow is white.
Grass is green.

(boy)
I am king,
you are queen.

(girl)
I am queen,
you are king.

32	Arbeitsblatt 2	Name: ______

Colour the hair and the eyes.

hair: grey
eyes: green

hair: blond
eyes: blue

hair: red
eyes: brown

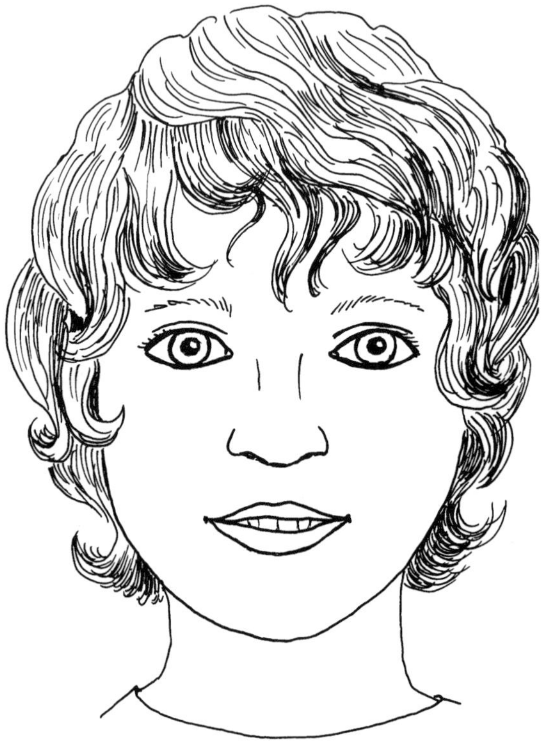

hair: black
eyes: brown

Thema

The body (Jumping Jack)

Material

Handpuppe, Tasche mit 2 Hampelmännern (s. Material: Jumping Jack – dem einen fehlt der rechte Arm und das linke Bein), Arbeitsblatt, Buntstifte; evtl. Materialblatt: Jumping Jack (auf Pappe kopiert), Locher, Schere, Faden, 4 Musterbeutelklammern

Wörter/Sätze

arm, head, hair, body, mouth, nose, ***leg, foot, ear, hand, finger, right, left***

Ablauf

Reim: Snow Is White

L: *Let's jump like a Jumping Jack!*
L springt wie ein Hampelmann und sagt dabei: *Jumping Jack.*
L fordert K auf mitzuspringen und mitzusprechen.

H: *What is there in your big bag, Mr/Mrs …?*
L: *Oh, let us see.* L nimmt einen Hampelmann aus der Tasche: *This is Jack, my Jumping Jack. Isn't he nice? I like him very much. I have made him by myself.*
L zeigt und benennt die einzelnen Teile: *This is Jack's body, this is his right leg, this is his left leg …*
K sprechen jeweils nach.

H zeigt den kaputten Hampelmann und ruft dazwischen: *Look, here is my Jumping Jack. Isn't he nice?*
L schlägt die Hände zusammen und schüttelt traurig den Kopf: *Oh, dear! What a poor Jumping Jack!*
L zeigt K (Jimmys) Hampelmann und fragt: *Has this Jumping Jack got a head?*
K: *Yes, he has.*
L: *Has he got a right leg?*
K: *Yes, he has.*
L (zeigt auf die entsprechende Stelle): *Has he got a left leg ?*
K: *No, he hasn't.*
L fährt fort, bis alle Körperteile abgefragt sind.

L: *Show me your head, show me your left hand …*
K zeigen mit dem Finger auf die entsprechenden Körperteile.

Arbeitsblatt (L: *Draw the missing parts of the Jumping Jack and colour him. Match the words with parts of the body.*)
K vervollständigen den Hampelmann, malen ihn an und verbinden die Wörter mit den entsprechenden Körperteilen.

Evtl. können K selbst einen Hampelmann basteln (**Materialblatt: Jumping Jack**).

Lied: Two Little Dicky Birds (mit Bewegungen)

33	Arbeitsblatt	Name:

1. Draw the missing parts.
2. Match the words with the parts of the body.

The body

KOPIERVORLAGE

Material: Jumping Jack

Thema

The body (poem)

Material

CD-Player mit CD 1, Arbeitsblatt, Buntstifte, evtl. Materialblatt: Domino cards – body (auf Pappe kopiert), Schere

Wörter/Sätze

head, arms, fingers, legs, eyes, nose, my, your,
toes, knees, touch, put

Ablauf

Lied: Five in the Bed

L führt einen neuen Reim ein: These Are My Eyes (s. S. 10).
L zeigt dabei jeweils auf die Körperteile.

These are my eyes
and these are my toes.
These are my fingers
and this is my nose.

These are my knees
and this is my head.
And when I sleep,
I am in bed.

My arms and legs
I use to play –
a happy child
the whole long day.

K lernen zunächst die 1. Strophe auswendig.
L erklärt den Inhalt der 2. und 3. Strophe. L und K sprechen die Strophen gemeinsam.

L: *Put your finger on your nose./Touch your knee …*
K folgen den verschiedenen Aufforderungen.

Spiel: Put Your Finger on Your Nose
K sitzen im Stuhlkreis, ein Kind steht jeweils in der Mitte und gibt die Anweisungen, die von den anderen ausgeführt werden müssen: *Put your finger on your nose ...*

L stellt Fragen zu den Körperteilen, z. B.: *Is this is my right leg? …*
K: *Yes, it is./No, it isn't.*
K fragen sich gegenseitig nach ihren Körperteilen.

Spiel: Did You Touch Me? (s. S. 12, 4.4)

Partnerarbeit:
K stellen sich Fragen zu ihren Körperteilen, z. B.: *Is this my finger? – Yes, it is./No, it isn't.*

Arbeitsblatt (L: *Draw yourself. Match the words with the parts of your body. Fill in the missing words.*) K zeichnen sich selbst und verbinden die Wörter mit den entsprechenden Körperteilen. Sie vervollständigen den Lückentext.

Evtl. **Materialblatt: Domino cards** (L: *Colour the cards and cut them out.*)
K malen die Karten an und schneiden sie aus.

Reim: Little Jack Horner

Arbeitsblatt

Name: ______________________

1. Draw yourself.
2. Match the words with the parts of your body.

nose		hair
mouth		head
arm		ear
finger		eye
left leg		body
hand		right leg
right foot		left foot
knee		toe

3. Fill in the missing words.

I am ______________________. I am a ______________________.

I am ______________________ years old.

I am from ______________________.

Material: Domino cards – body

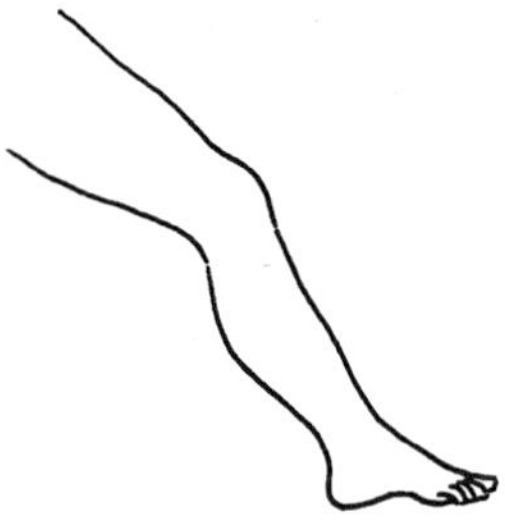	eye	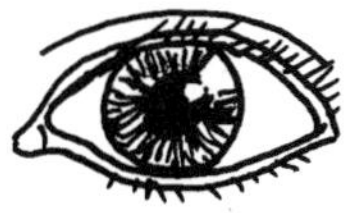	toe
	finger	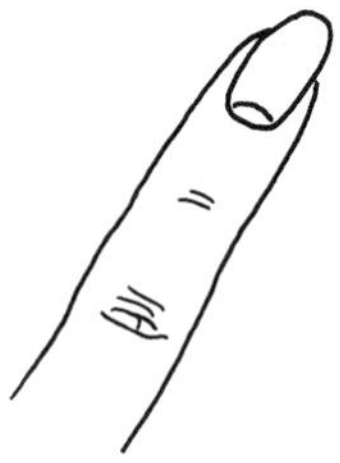	nose
	head		hair
	mouth		arm
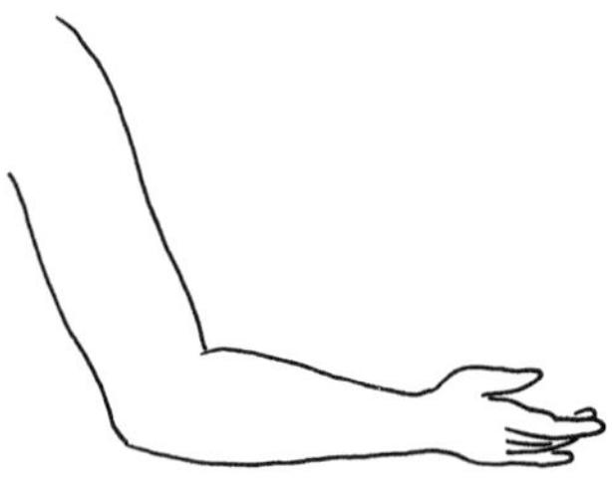	ear	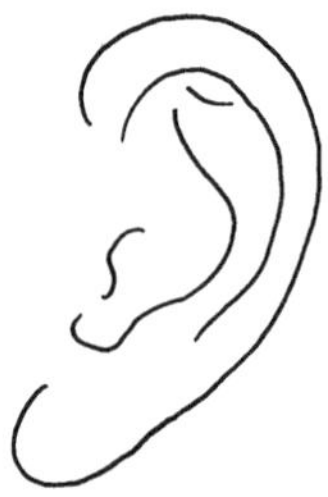	foot
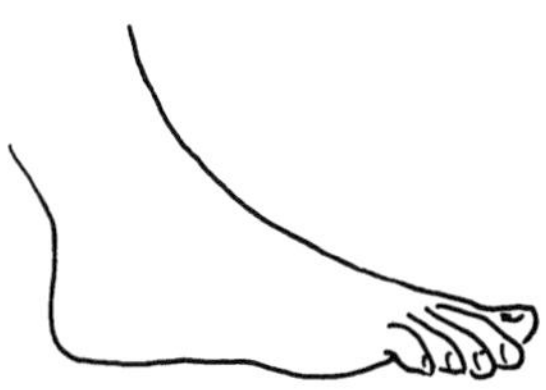	knee	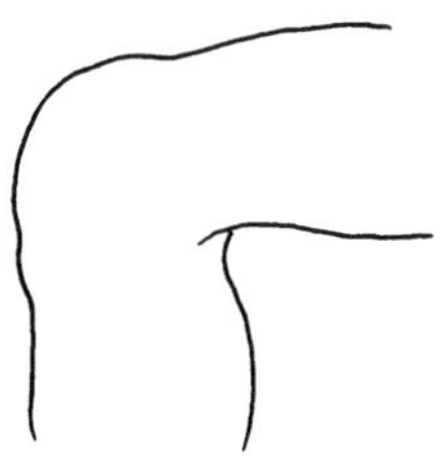	leg

Thema

The house/Colours

Material

Handpuppe, Tasche mit kleiner Finger- oder Stabpuppe: Hexe, OHP, Folie 8, Materialblatt: Puzzle, Buntstifte, Schere, Klebstoff, Pappe

Wörter/Sätze

house, roof, window, chimney, door,
I'm ..., I'm ... years old.
I'm from ..., colours ...

Ablauf

Lied: Ten Litte Indians (mit Bewegungen)

L: *Look, there is someone in my bag.* L holt die kleine Hexenpuppe aus der Tasche.
Hexe: *Hello, (Jimmy)! Hello, Mr/Mrs ...*
H: *Hello! Who are you?*
Hexe: *I am Lilly Long. I'm a little witch.*
L: *Hello, Lilly Long. Nice to meet you.*
H und K sprechen nach.

Hexe fragt einige Kinder: *What's your name?, How old are you?, Where are you from?*
K beantworten die Fragen.
Hexe: *Tell me something about you, (Susan).*
(Susan): *I am (Susan). I am (ten) years old. I am from ...*
K dürfen alles über sich sagen, was ihnen einfällt.
L ermuntert mit Gesten und hilft beim Sprechen.

L: *Let us sing the song of the ten little Indians for Lilly Long!*

Lied: Ten Little Indians (mit Bewegungen)

L zeigt **Folie 8**: *This is Lilly Long's house.*
Hexe: *Yes, this is my house. This is the roof. This is the window. This is the door. And this is the chimney.* (L zeigt dabei auf die entsprechenden Teile.)
K sprechen jeweils nach.

L zeigt auf die Tür: *Is it a door?*
K: *Yes, it is.*
L zeigt auf ein Fenster: *Is this a door?*
K: *No, it isn't.*
L fragt nach den Farben der verschiedenen Teile, z. B.: *Is the roof blue?*
K: *Yes, it is./No, it isn't.*

Materialblatt: Puzzle (L: *Colour the puzzle, cut it out, and stick it together.*)
K malen das Puzzle an, schneiden es aus und kleben es auf Pappe, während L mit der Hexenpuppe durch die Klasse geht und sie z. B. fragen lässt: *What colour is the roof?*

Lied: Tom's Ball Is Blue

Material: Puzzle

The house

KOPIERVORLAGE

Thema

Valentine's day

Material

Handpuppe, CD-Player mit CD 1, Materialblatt: Valentine's card (auf Tonpapier kopiert), evtl. Liederblatt, Brief, Tuch, Buntstifte, Schere

Wörter/Sätze

letter, pocket, drop, pick up, *put*

Ablauf

Lied: Good Morning

Englische Bräuche zum Valentinstag
L berichtet, wie in England der Valentinstag gefeiert wird:
Am 14. Februar ist *Valentine's day.* Die Leute verschicken Karten an diejenigen, die sie besonders gern haben – allerdings ohne Unterschrift, sodass der Empfänger raten muss, wer der Absender ist. Der Empfänger wird auf der Karte auch nur mit *„My Valentine"* angesprochen.
Manchmal schenkt man sich auch Blumen oder eine Kleinigkeit.

L führt ein neues Lied ein: I Sent a Letter to My Love (s. S. 10).

L führt die neuen Vokabeln ein:
L zeigt dabei jeweils die Gegenstände/Tätigkeiten: *This is my pocket. This is a letter. I drop the letter. I pick it up.*
L lässt den Brief fallen: *(Tom), pick it up, please!*
L: *(Susan), put the pencil in your pocket ...*
K handeln entsprechend und sprechen mit Hilfe von H nach: *I pick the letter up ...*

Spiel zum Lied: I Sent a Letter to My Love
K stellen sich im Kreis auf und singen das Lied.
Ein Spieler läuft **im Uhrzeigersinn** mit dem Tuch in der Hand außen um den Kreis herum.
Bei ***dropped it*** lässt er das Tuch hinter einem anderen Kind fallen und läuft weiter.
Das andere Kind hebt schnell das Tuch auf und rennt **gegen den Uhrzeigesinn** um den Kreis herum. Beide versuchen, den leeren Platz als Erster zu erreichen.
Wer zu spät kommt, geht im nächsten Spiel mit dem Tuch um den Kreis.

Materialblatt: Valentine's card (L: *Let's make a Valentine's card.*)
K malen die Valentinskarte an und schneiden sie aus.

Anschließend schreiben die Kinder evtl. einen kleinen Text auf die Karten und verschenken sie an ihre Mitschülerinnen/Mitschüler.

Reim: Pat-a-Cake

Material: Valentine's card

36	Lied: I Sent a Letter to My Love

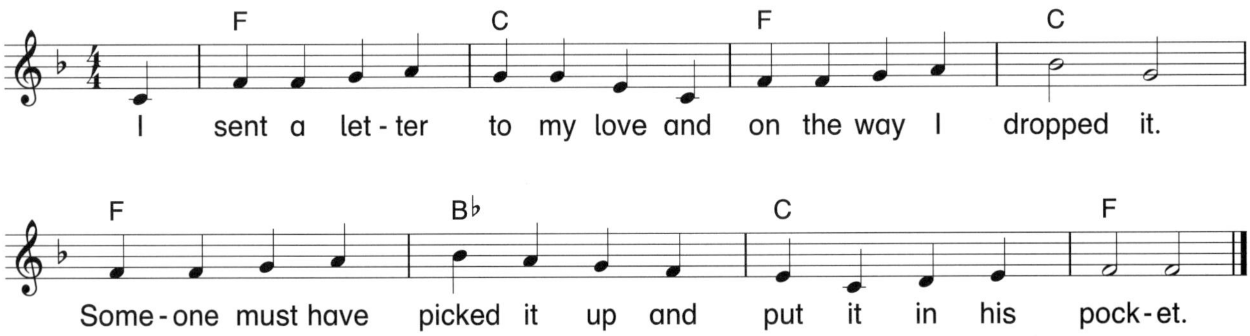

Thema

Activities

Material Handpuppe, OHP, Folie 9, CD-Player mit CD 1, Kopftücher, Arbeitsblatt, Buntstifte

Wörter/Sätze

witch, flying, sitting, cooking, eating, sleeping,
writing, dancing, reading, walking, riding
What am I doing? You are ...

Ablauf

Lied: Good Morning

L zeigt **Folie 9** und führt die neuen Verben ein/wiederholt die bekannten.
L: *Look, Lilly Long is sitting in her house. What is she doing?*
H: *She is sitting in her house.*
K sprechen nach.
L: *On this picture Lilly Long is flying.*
H: *She is flying.*
L verfährt genauso mit den anderen Verben.

L schreibt die Wörter zu den entsprechenden Abbildungen auf die Folie.

Pantomimespiel
Einige Kinder binden sich ein Kopftuch um und spielen Hexe.
Sie stellen jeweils eine der Tätigkeiten vor der Klasse dar.
Die anderen Kinder fragen sich gegenseitig: *What is the witch doing?*, und antworten entsprechend: *She is (sleeping).*
L stellt Fragen zur Pantomime, z. B.: *Is the witch writing a letter?*
K: *Yes, she is./No, she isn't.*

Spiel zum Lied: I Sent a Letter to My Love (s. S. 13, 4.12)

Partnerarbeit
K spielen sich gegenseitig pantomimisch Tätigkeiten vor und fragen: *What am I doing?*
Sie antworten entsprechend: *You are ...*

Fantasiereise
L: *Let us make a fantasy journey. You may take off your glasses, if you want, and put your heads on your arms. You shut your eyes and take a deep breath. Now you relax.*
You are sitting in the garden. You see a little witch under the trees. What is she doing?
(lange Pause)
Now we'll end our fantasy journey ... Open your eyes, take another deep breath, and stretch yourselves.

Arbeitsblatt (L: *What do you like? Mark it with a cross.*)
K kreuzen die Tätigkeiten an, die sie mögen.

Reim: These Are My Eyes

37	Arbeitsblatt	Name:

What do you like? Mark it with a cross.

writing a letter

yes	no

walking

yes	no

dancing

yes	no

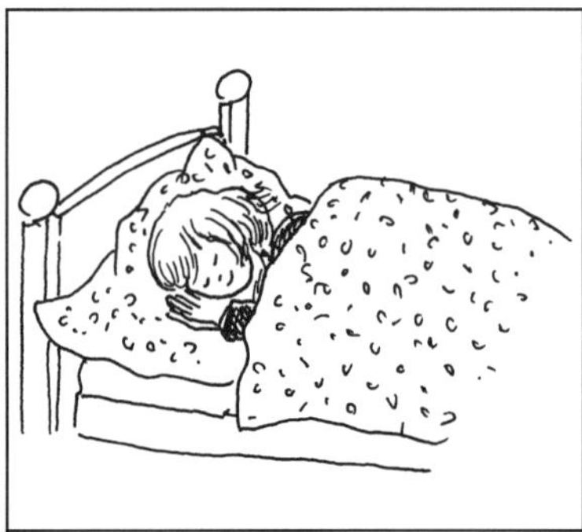

sleeping

yes	no

eating

yes	no

cooking

yes	no

riding

yes	no

reading

yes	no

Thema

English breakfast

Material

Handpuppe, CD-Player mit CD 1, Tischdecke, Korb mit Cornflakes, Toastbrot, Milch, Saft, Marmelade, Honig, Butter, Zucker; Bildkarten (s. Material: Picture cards – breakfast, auf Pappe kopiert und angemalt)

Wörter/Sätze

breakfast, cornflakes, butter, jam, honey, sugar, *toast, orange juice, milk,*
What would you like? I would like …
Can I have the …, *please?*
Here you are. Thank you.

Ablauf

Lied: Good Morning

L: *Today I'm hungry. I haven't had my breakfast this morning. Let us lay the table.*
H: *Oh fine, I'm hungry, too. I would like to have breakfast now.*
L: *Then let us put two tables together and put a cloth on it.*

Zwei Tische werden zusammengeschoben, darauf kommt die Tischdecke.
L holt die Sachen aus dem Korb und stellt sie auf den Tisch: *Look, what I have got!*
L benennt die Teile beim Auspacken: *These are the cornflakes, this is the sugar …*
K sprechen jeweils nach.

L zeigt auf einzelne Sachen: *What is it? Is it …?*
K: *Yes, it is./No, it isn't.*

L und H fordern einige Kinder auf, mit ihren Stühlen an den gedeckten Tisch zu kommen:
Let us sit down here.
L, wenn alle Platz genommen haben: *What would you like?*
H: *I would like the sugar/milk/jam/honey/toast/butter/orange juice/cornflakes, please.*
K sprechen jeweils nach.
L oder K reichen H die gewünschten Sachen.

Mit Hilfe von H bitten sich die Kinder am Tisch gegenseitig um Sachen, z. B.:
K 1: *Can I have the (sugar), please?*
K 2: *Here you are.*
K 1: *Thank you.*

Gruppenarbeit (3–6 K)
L verteilt die Bildkarten an die Gruppen.
K bitten sich gegenseitig um Sachen und erhalten jeweils die entsprechende Bildkarte.

Spiel zum Lied: I Sent a Letter to My Love
Die Kinder stellen sich im Kreis auf und singen das Lied.
Ein Spieler läuft **im Uhrzeigersinn** mit einem Tuch in der Hand außen um den Kreis herum.
Bei ***dropped it*** lässt er das Tuch hinter einem andern Kind fallen und läuft weiter.
Das andere Kind hebt schnell das Tuch auf und rennt **gegen den Uhrzeigersinn** um den Kreis herum.
Beide versuchen den leeren Platz als Erster zu erreichen.
Wer zu spät kommt, läuft im nächsten Spiel mit dem Tuch um den Kreis.

Im Anschluss bietet sich ein **gemeinsames Frühstück** mit der Klasse an.

38 Material: Picture cards – breakfast

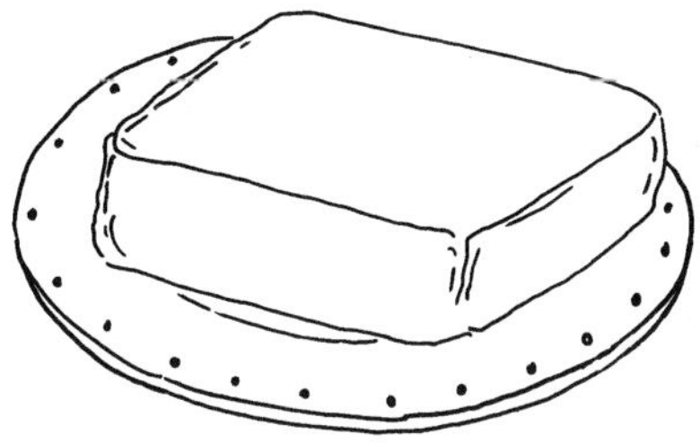

Thema

Activities

Material

Handpuppe, OHP, Folie 9, CD-Player mit CD 1,
Kopftuch, versteckter Reisigbesen, evtl. Liederblatt,
Materialblatt: Domino cards – activities (auf Pappe kopiert),
Buntstifte, Schere

Wörter/Sätze

broom, crying,
What am I doing?
flying, reading,
sleeping, cooking,
sitting, eating

Ablauf

Lied: Good Morning

L zeigt **Folie 9** und wiederholt die Verben.
L: *Look, here is Lilly Long. What is she doing?*
H: *She is (cooking).*
K sprechen im Chor und einzeln nach.
L: *Now Lilly Long is tired. She is in her bed. She is sleeping. What is she doing?*
K: *She is sleeping.*
L verfährt genauso mit den anderen Verben. Bei *flying* ergänzt L: *Lilly Long is flying on her broom.*
H und K wiederholen.

L bindet sich das Kopftuch um und spielt Hexe, L weint.
H: *Look, the witch is crying. She is crying.*
L: *Yes, I'm crying.* (L schluchzt) *I have lost my broom. Where is my broom?*
H zeigt einem Kind, wo der Besen versteckt ist. K holt den Besen und gibt ihn der Hexe:
Here you are!
L „fliegt" auf dem Besen durchs Klassenzimmer: *Now I'm flying. I'm flying on my broom.*
H und K: *The witch is flying on her broom.*

Pantomimespiel
Jeweils ein Kind geht nach vorn, stellt eine der Tätigkeiten pantomimisch dar und fragt:
What am I doing?
K antworten entsprechend.

Partnerarbeit
Ein Kind stellt pantomimisch eine Tätigkeit dar, das andere rät.

L führt ein neues Lied ein: Are You Sleeping, Lilly Long? (s. S. 10).

Materialblatt: Domino cards (L: *Colour the cards and cut them out.*)
K malen die Karten an und schneiden sie aus.

Lied: Pretty Little Dutch Girl (mit Bewegungen)

39 Material: Domino cards – activities

	singing		writing
	dancing		jumping
	cooking		sitting
	sleeping		crying
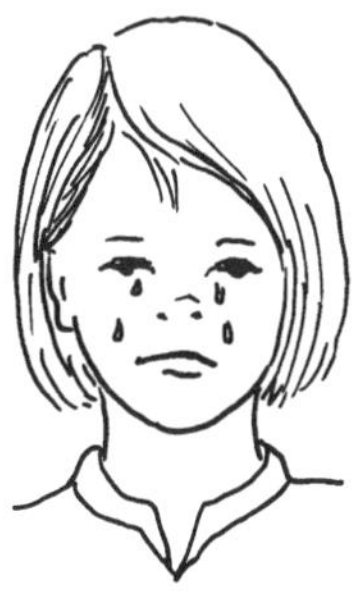	eating		fishing
	flying		laughing

Bergedorfer Grundschulpraxis: Englisch – 3. Klasse, Band 1

KOPIERVORLAGE

39 Lied: Are You Sleeping, Lilly Long?

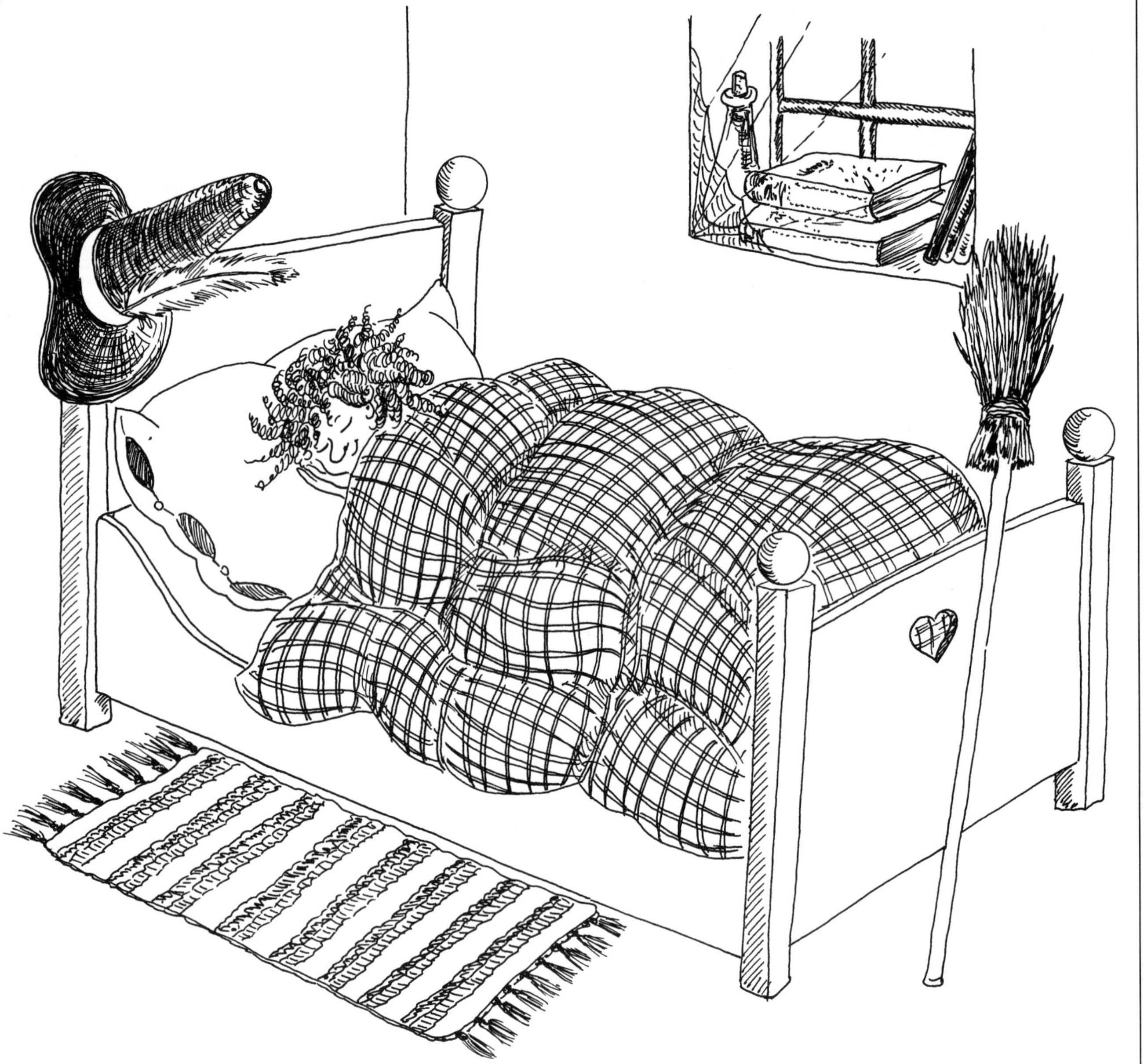

nach der Melodie: Meister Jakob

Bergedorfer Grundschulpraxis: Englisch – 3. Klasse, Band 1

Thema

At the restaurant

Material

Handpuppe, OHP, Folie 10, Schild mit Aufschrift: „Restaurant“, weiße Servietten, Materialblatt: Memory cards – food (auf Pappe kopiert), Buntstifte, Schere; evtl. Bildkarten (s. S. 121, Picture cards)

Wörter/Sätze

What do/don't you like?
I like ..., but I don't like ...
What do you want? I want ...
steak, spaghetti, pizza, chips,
fish, ice-cream, *water, toast,*
orange juice, milk, cornflakes

Ablauf

Lied: Good Morning

L wiederholt die bekannten Lebensmittel, evtl. anhand der Bildkarten.
L zeigt **Folie 10** und führt die neuen Vokabeln ein.

Lippenspiel
L formt die Lippen lautlos zu allen Lebensmitteln. K lesen von den Lippen ab.

L: *I like spaghetti, but I don't like pizza.*
K sprechen nach.
L: *What do you like and what don't you like, (Jimmy)?*
H: *I like fish, but I don't like steak.*
L: *And you, children? What do you like?*
K antworten entsprechend.
K fragen sich gegenseitig.

Spiel: Change Places! (s. S. 12, 4. 6)
Jeder Spieler bekommt den Namen einer Speise zugeteilt.

Spiel: At the Restaurant
L befestigt das Restaurant-Schild an der Tafel (oder schreibt es auf). Immer zwei Tische werden zusammengeschoben, K setzen sich daran.
L: *Now we are all at the restaurant. I am the waiter/waitress.*
L legt sich eine weiße Serviette über den Arm und geht zu H, der auf einem Tisch sitzt:
Good morning. What do you want?
H: *I want cornflakes and milk.*
L geht weg und kommt mit entsprechender Gestik zurück an den Tisch: *Here you are.*
L geht zu einem Kind: *What do you want?*
K: *I want ...*
L geht weg und kommt zurück: *Here you are.*
Anschließend bekommen einige Kinder weiße Servietten und sind Kellner, sie gehen herum und bedienen die Gäste.

Materialblatt: Memory cards (L: *Colour the cards and cut them out.*)
K malen die Karten an und schneiden sie aus.

Lied: Ten Little Indians (mit Bewegungen)

chips	**fish**	**pizza**

spaghetti	**steak**	**ice-cream**

6 Anhang

6.1 Christmas time

6.1.1 Christmas traditions in Great Britain

In Großbritannien ist der **24. Dezember** noch ein Tag der Vorbereitungen: Geschenke *(presents)* werden verpackt und in der Küche wird das Festessen für den nächsten Tag vorbereitet.
Viele junge Leute feiern an dem Vorabend zu Weihnachten Partys mit Gesang und Tanz.
Bevor die Kinder an diesem Abend zu Bett gehen, hängen sie ihre Strümpfe *(stockings)* am Bett oder am Kamin auf.

Am Morgen des **25. Dezember** finden sie dann dort ihre Geschenke. Die kleinen Kinder glauben, dass *Father Christmas* mit seinem Rentierschlitten durch die Lüfte saust und durch den Kamin kommt, um ihnen die Geschenke zu bringen.

Während der Truthahn *(turkey)* und die leckeren Nachspeisen am 24. Dezember zubereitet werden, ist der *Christmas pudding* schon im November gebacken worden. Trotz seines Namens handelt es sich beim *Christmas pudding* nämlich um einen Kuchen *(cake)*.
Bevor man diesen Kuchen zum Dessert nach dem *dinner* serviert, wird er mit Rum übergossen und angezündet.
Zum Essen werden oft Papierhütchen aufgesetzt und es gibt Knallbonbons *(Christmas crackers)*.
Nachmittags wird zum Tee oder Kaffee der *Christmas cake*, ein Früchtekuchen, serviert.

Das Lied *We Wish You a Merry Christmas* wurde ursprünglich gesungen, während die Kinder von Tür zu Tür zogen, um ein paar Süßigkeiten *(sweets)* zu erbetteln.

Die Weihnachtskarten *(Christmas cards)* werden entweder am Kamin aufgehängt oder auf den Kaminsims gestellt. Schon Tage vor Weihnachten wird das Haus mit Girlanden und Mistelzweigen geschmückt. Auch ein geschmückter Tannenbaum *(Christmas tree)* darf nicht fehlen.

6.1.2 Project: Christmas party

Vorbereitungen:

▷ **Krippenspiel einstudieren** (s. 6.1.5 Nativity play)

▷ **Papierhüte basteln** (s. Material: Hat, S. 39)

▷ **Kuchen backen** (s. 6.1.3 Christmas cake)

▷ **Klassenraum schmücken** mit Girlanden, Stechpalmen- und Mistelzweigen

▷ **Getränke einkaufen** und Geschirr mitbringen

Weihnachten feiern:

Krippenspiel aufführen (s. 6.1.5).
Gemeinsames Kaffeetrinken mit Kindern und Eltern.
Vorlesen der Weihnachtsgeschichte: *The Evans Family* (s. 6.1.4).
Weihnachtslieder singen (bekannte deutsche und *We Wish You a Merry Christmas*).

Hinweis: Es bietet sich an, für die Vorbereitungen wie das Herstellen der Weihnachtsdekoration, das Anfertigen der Requisiten für das Theaterstück und evtl. für das Besprechen (Umrechnen) der englischen Gewichtseinheiten Kunst- bzw. Mathematikstunden zu nutzen.

6.1.3 Christmas cake

Zutaten:

330 g Mehl
1 TL Zimt
1 TL Gewürzmischung (Lebkuchengewürz)
1/2 TL Salz
100 g Zitronat
100 g kandierte Kirschen
100 g gehackte Mandeln
900 g Trockenfrüchte
4 Eier
(4 EL Brandy)
abgeriebene Schale von 1 Zitrone
220 g Margarine oder Butter
220 g brauner Zucker
1 EL dunkler Sirup

Ingredients:

12 oz plain flour
1 teaspoonful cinnamon
1 teaspoonful mixed spice
1/2 teaspoonful salt
4 oz candied lemon peel
4 oz candied cherries
4 oz almonds
2 lb dried fruit
4 eggs
(4 tablespoonful brandy)
grated rind of 1 lemon
8 oz margarine or butter
8 oz sugar (dark brown)
1 talblespoonful black treacle

1. Trockenfrüchte, Kirschen, Zitronat, Mandeln und geriebene Zitronenschale mit etwas Mehl vermischen.
2. Margarine oder Butter mit Zucker und Sirup cremig rühren.
3. Eier (mit Brandy) verrühren.
4. Mehl und Eier abwechselnd zum Teig geben.
5. Gewürze hinzufügen.
6. Die Früchtemischung unterrühren.
7. Eine Kastenform mit Backpapier auslegen.
8. Den Teig in die Form geben.
9. Im Backofen auf der mittleren Schiene etwa 3 bis 3 1/2 Stunden bei 180 °C backen.

Hinweis: 1 oz (ounce) = ca. 28 g
1 lb (pound) = ca. 450 g

6.1.4 Christmas story: The Evans Family

It was warm and cosy in the house of the Evans family. Emily and Jack were busy putting the final decorations up; and Mummy was cooking for Christmas. Mr Evans came home from work and the children were all excited: "Daddy, when will Father Christmas come?"

"Well, I expect, he is busy telling all his helpers which children to deliver to and what presents to leave them."

"Does he have many helpers?", asked Jack.

"Yes", said Daddy.

"Can we leave him a drink and something to eat?"

"Of course", said Mummy, "we will give him a mince pie and a glass of sherry."
They placed the pie and the sherry by the fireplace.

"Don't forget a carrot for the reindeer", said Emily.

All was set, food and drink for Father Christmas and the reindeer, stockings at the foot of the bed. They just had to sleep until morning.

December 25th arrived, and Emily and Jack looked at the bottom of their beds at the stockings, which were full of toys and games, and on the floor. There were some footprints of snow, left by Father Christmas. They followed them downstairs and all the way to the fireplace.

"He's been here", shouted Emily,

"and had his supper", said Jack.

Mummy and Daddy helped the children to open their presents. They played games and ate a lovely dinner. When it was time for bed, both, Emily and Jack, said "thank you" to their parents and said that it had been a wonderful day and that they hoped all other children had had such a great time.

6.1.5 Nativity play

Eingangslied

Kinder singen zur Melodie
von „Meister Jakob":

Christmas time, Christmas time,
oh, how fine, oh, how fine,
let us all be happy,
let us all be happy,
oh, how fine, oh, how fine!

Ausgangslied

Christmas time, Christmas time,
oh, how fine, oh, how fine,
Christmas bells are ringing,
Christmas bells are ringing,
ding, ding, dong, ding, ding, dong.

Um die Krippe herum stehen die Kinder, verkleidet als Engel, Sterne, Bäume, Hirten, die Heiligen Drei Könige und Maria und Josef.

Die Engel zeigen jeweils auf die Personen und Gegenstände.

Angel 1: I am angel Michael. It is winter and it is very cold.
Angel 2: I am angel Carol. This is the star of Bethlehem.
Angel 3: I am angel John. This is the crib of Bethlehem.
Angel 4: I am angel Lucy. This is baby Jesus.
Angel 5: I am angel David. This is Mary, Jesus' mother.
Angel 6: I am angel Alice. And this is Joseph.

Star 1: I am a little bright star. I am happy.
Star 2: I am a little shining star. I love Jesus.
Star 3: I am a little star. I am twinkling for Jesus.
Star 4: I am a little star. I am very happy now.

Tree 1: I am a big tree. Jesus is my friend.
Tree 2: I am a small tree. I adore Jesus.
Tree 3: I am an oak tree. I grow for Jesus.

Die Hirten, Kinder und Könige legen ihre Geschenke vor der Krippe nieder.

Shepherd 1: I am Jim, I am a shepherd. Hello, little Jesus, this is a lamb for you.
Shepherd 2: I am Tony, I am a shepherd. Hello, little Jesus, this is a dog for you.
Shepherd 3: I am Stephen, I am a shepherd. Hello, little Jesus, this is a stick for you.
Shepherd 4: I am Brian, I am a shepherd. Hello, little Jesus, this is a stone for you.
Shepherd 5: I am Frank, I am a shepherd. Hello, little Jesus, this is a coat for you.
Shepherd 6: I am Tom, I am a shepherd. Hello, little Jesus, this is a song for you. (Er singt ein Lied.)

Child 1: I am Susan, I am a child. Hello, little Jesus. I have got a flower for you.
Child 2: I am Jane, I am a child. Hello, little Jesus. I have got a teddy bear for you.
Child 3: I am Patrick, I am a child. Hello, little Jesus. I have got an apple for you.
Child 4: I am Vicky, I am a child. Hello, little Jesus. I have got a doll for you.
Child 5: I am Peter, I am a child. Hello, little Jesus. I have got some sweets for you.
Child 6: I am Maureen, I am a child. Hello, little Jesus. I have got an orange for you.

King 1: I am Caspar. I am a king. Hello, little Jesus. This is some gold for you.
King 2: I am Balthasar. I am a king. Hello, little Jesus. This is some incense for you.
King 3: I am Melchior. I am a king. Hello, little Jesus. This is some myrrh for you.

6.2 Vokabeln

Hier sind nur die in den Unterrichtsstunden **neu eingeführten** Vokabeln aufgelistet.

Std.	Wörter/Sätze
1	*good morning, goodbye, evtl. red, blue, white*
2	*hello, hi, Mr/Mrs …, I'm …*
3	*My name is …*
4	*How are you? I'm fine/very well, thank you. What's your name?*
5	*I'm not so well. I'm tired/ill. I'm sorry.*
6	*This is my friend …, girl, boy*
7	*Are you/Is your name …? No, I'm not. Yes, it is./No, It isn't. Nice to meet you.*
8	*his, her, he, she, clever, great, pretty*
9	*What colour is it? Is my hat (green)? red, blue, yellow, green, black*
10	*ball, white; Sleep well! Wake up, please! Did you touch me? Yes, I did./No, I didn't. Show me something (red)!*
11	*one, two, three, four, five; Come to me! Come back to me!*
12	*Guess the number! six, seven, eight, nine, ten*
13	*o (Null), double; Here is …*
14	*blackboard, rubber, book, pencil, school bag, pencil case, pink, orange, purple; What is it? What's missing? Is it a …? How many … can you see?*
15	*I put … and … in my bag. ruler, pen, exercise book, paintbox*
16	*(Wiederholung)*
17	*on, under, beside, table*
18	*These are …, T-shirt, cap, sweater, shoes, socks, trousers*
19	*Come in! Sit down, please! What would you like? I would like …, glass, plate, milk, tea, toast, cookies, orange juice, water*
20	*How old are you? I'm … years old today. Happy birthday, dear…! birthday cake, candles*
21	*Give me …! Here you are! Where is …? birthday present*
22	*grey, brown*
23	*writing, walking, reading, jumping, dancing, singing*
24	*What is he/she doing? fishing, smiling, laughing, skating, riding, playing*
25	*merry Christmas, a happy New Year, car, inline skates, plane, doll, teddy bear*
26	*(Wiederholung)*
27	*has got, hasn't got*
28	*How many … has he/she got? I/You have got …, My number is higher/lower.*
29	*behind, in front of*
30	*chair, box*
31	*body, head, arms, eyes, nose, mouth, snowman*
32	*hair, blond, they are …*
33	*leg, foot, ear, hand, finger, right, left*
34	*toes, knees, touch, put*
35	*house, roof, window, chimney, door*
36	*letter, pocket, drop, pick up*
37	*witch, flying, sitting, cooking, eating, sleeping*
38	*breakfast, cornflakes, butter, jam, honey, sugar; Can I have …?*
39	*broom, crying*
40	*What do/don't you like? I like …, but I don't like … What do you want? I want …, steak, spaghetti, pizza, chips, fish, ice-cream*

6.3 Lieder und Reime

Die Lieder und Reime finden sich unter den Materialien der entsprechenden Stunden und – zusammen mit den Liedern und Reimen für das 2. Halbjahr der 3. Klasse – auf CD 1 der Bergedorfer Grundschulpraxis Englisch.

Lieder

Good Morning (Einführung: 2. Stunde)
Two Little Dicky Birds (Einführung: 5. Stunde)
Goodbye (Einführung: 9. Stunde)
Tom's Ball Is Blue (Einführung: 10. Stunde)
Five in the Bed (Einführung: 12. Stunde)
Ten Little Indians (Einführung: 16. Stunde)
Happy Birthday (Einführung: 20. Stunde)
One, Two, Three, Four, Five (Einführung: 24. Stunde)
We Wish You a Merry Christmas (Einführung: 25. Stunde)
Five Brown Teddies (Einführung: 29. Stunde)
I Sent a Letter to My Love (Einführung: 36. Stunde)
Are You Sleeping, Lilly Long? (Einführung: 39. Stunde)

Reime

This Is Polly (Einführung: 7. Stunde)
Pretty Little Dutch Girl (Einführung: 8. Stunde)
Pat-a-Cake (Einführung: 19. Stunde)
Little Jack Horner (Einführung: 26. Stunde)
Snow Is White I (Einführung: 32. Stunde)
Snow Is White II (Einführung: 32. Stunde)
These Are My Eyes (Einführung: 34. Stunde)

6.4 Englische Kinderliteratur

Ahlberg, Janet and Allan: Each Peach, Pear, Plum
Books, Armadillo: My Little Treasury of Stories and Rhymes
Butterwort, Nick: My Mum Is Fantastic
Campbell, Rod: Noisy Farm
Carle, Eric: The Very Hungry Caterpillar
Carle, Eric: The Bad-Tempered Ladybird
Carle, Eric: Do You Want to Be My Friend?
Crebbin, June: The Puffin Book of Fantastic First Poems
Graves, Kimberlee: The Little Green Man Visits a Farm
Hawkins, Colin: What's the Time, Mr Wolf?
Martin Jr., Bill: Brown Bear, Brown Bear, What Do You See?
Nicoll, Helen and Pienkowski, Jan: Meg and Mog
Paul, Korky and Thomas, Valerie: Winnie the Witch
Paul, Korky and Thomas, Valerie: Winnie Waves Her Wand
Potter, Beattrix: Nursery Rhyme Book
Voake, Charlotte: Ginger Finds a Home
Watanabe, Shigeo: Hallo! How Are You?
Williams, Lanczak Rozanne: Who Took the Cookies from the Cookie Jar?
Williams, Lanczak Rozanne: Lunch with Cat and Dog
Williams, Lanczak Rozanne: Ten Monsters in a Bed
Williams, Lanczak Rozanne: The Giraffe Made Her Laugh
Williams, Lanczak Rozanne: Cinderella Dressed in Yellow

Kreative Unterrichtsgestaltung in der Grundschule!

Ursula Lassert

Bergedorfer Grundschulpraxis Englisch

40 vollständige Unterrichtssequenzen für die 3. und 4. Klasse. Für jedes Halbjahr!

- → Lehrerseiten mit den Themen, allen benötigten Materialien, dem verwendeten Wortmaterial und dem kompletten Stundenablauf.
- → Arbeitsblätter zum Kennenlernen und Einüben der Vokabeln, zum Malen, Basteln, Rätseln, Nummerieren und Schreiben.
- → Kopiervorlagen mit Gedichten/den Noten und Texten der Lieder, Bild- und Wortkarten sowie Würfelspielen, Dominos, Memorys u. v. m.
- → Foliensätze und CDs, die das Komplett-Paket für den Englischunterricht in der Grundschule abrunden.
- → Spielerische, handlungsorientierte Aufgaben, die für Spaß, hohe Motivation und einen gesicherten Vokabelschatz in der Klasse sorgen.
- → Täglich wiederkehrende Aktivitäten (Rituale), die helfen, eine entspannte Atmosphäre zu schaffen.
- → Spiralförmige Lernangebote: Die Themen werden immer wiedeer in neuen Zusammenhängen aufgegriffen und Neues wird mit bereits Gelerntem verknüpft. Dies trägt zu einem gesicherten Spracherwerb bei – auch bei schwächeren Schülerinnen und Schülern.

3. Klasse

Band 1
Buch, 136 Seiten, DIN A4
3. Schuljahr Best.-Nr. 3954

Foliensatz 1
10 Farbfolien, DIN A4
3. Schuljahr Best.-Nr. 3985

CD mit Liedern und Reimen
3. Schuljahr Best.-Nr. 3989

3. Klasse

Band 2
Buch, 156 Seiten, DIN A4
3. Schuljahr Best.-Nr. 3955

Foliensatz 2
16 Farbfolien, DIN A4
3. Schuljahr Best.-Nr. 3986

4. Klasse

Band 1
Buch, 148 Seiten, DIN A4
4. Schuljahr Best.-Nr. 3956

Foliensatz 3
16 Farbfolien, DIN A4
4. Schuljahr Best.-Nr. 3987

CD mit Liedern und Reimen
4. Schuljahr Best.-Nr. 3990

4. Klasse

Band 2
Buch, 144 Seiten, DIN A4
4. Schuljahr Best.-Nr. 3957

Foliensatz 4
14 Farbfolien, DIN A4
4. Schuljahr Best.-Nr. 3988

Mona Dechant, Karl-Walter Kohrs, Joachim Weyers

Bergedorfer Grundschulpraxis Sachunterricht

Aktiv lernen durch Forschen und Entdecken!

- → Aktives Arbeiten mit Spaß: Individuelle Lern- und Lösungswege werden erprobt.
- → Experimente – ein wichtiger Teil: Versuchsbeschreibungen, die als Karteikarten angelegt sind, regen zum Experimentieren und Entdecken an.
- → Betrachtung eines Themas aus verschiedenen Perspektiven: Vernetztes Lernen in Lernfeldern ist ein vorrangiges Ziel der Sequenzen.
- → Individualisierung und Differenzierung: Die vielfältige und nach Schwierigkeitsgraden abgestufte Aufbereitung der Materialien ermöglicht das Eingehen auf individuelle Interessen und Bedürfnisse.
- → Wichtiges Basiswissen: Der Erwerb tragfähiger fachlicher wie methodischer Grundlagen ist ein zentrales Anliegen.
- → Komplett-Angebote für Ihren Unterricht: Vom Einstieg über Aufgaben zum Sachthema, Experimente und Zusammenfassungen bis hin zu Testseiten.

Natur und Leben
Buch, 172 Seiten, DIN A4
1./2. Klasse Best.-Nr. 3940

Technik und Arbeitswelt
Buch, 104 Seiten, DIN A4
1./2. Klasse Best.-Nr. 3941

Zeit und Kultur
Buch, ca. 100 Seiten, DIN A4
1./2. Klasse Best.-Nr. 3944

Raum und Umwelt
Buch, 104 Seiten, DIN A4
1./2. Klasse Best.-Nr. 3942

Mensch und Gemeinschaft
Buch, 88 Seiten, DIN A4
1./2. Klasse Best.-Nr. 3943

Natur und Leben
Buch, 220 Seiten, DIN A4
3./4. Klasse Best.-Nr. 3945

Technik und Arbeitswelt
Buch, 128 Seiten, DIN A4
3./4. Klasse Best.-Nr. 3946

Zeit und Kultur
Buch, ca. 100 Seiten, DIN A4
3./4. Klasse Best.-Nr. 3949

Raum und Umwelt
Buch, 120 Seiten, DIN A4
3./4. Klasse Best.-Nr. 3947

Mensch und Gemeinschaft
Buch, 120 Seiten, DIN A4
3./4. Klasse Best.-Nr. 3948

Beate Büngers, Felix Busch, Anke Matuschewski, Diane Rips, Silke Weber

Bergedorfer Grundschulpraxis Sport

Mit wenig Vorbereitungsaufwand fantasievoll und erlebnisorientiert Sport unterrichten!

- → Dazu finden Sie themengeleitete Sportstunden mit originellen Spielideen, effektiven Übungen und zahlreichen Kartei-Angeboten für Stationentrainings.
- → Besonders hilfreich: die „handfeste Herangehensweise an die neuen Bereiche „Ringen und Kämpfen", „Gleiten, Fahren und Rollen" oder „Den Körper entdecken".
- → Mit den detaillierten Hilfestellungen und Anregungen zum Umgang mit Nichtschwimmern.
- → Die Begleit-CDs enthalten alle Lieder und Stücke für den Bereich Gymnastik/Tanz, aber auch Musik zum schnellen oder ausdauernden Laufen, Zirkusmusik, Entspannungsmusik und Geräusche zum Einstieg in Fantasiesituationen.

Band 1
Buch, 140 Seiten, DIN A4
1./2. Schuljahr Best.-Nr. 3918

Band 1
Buch, 120 Seiten, DIN A4
3./4. Schuljahr Best.-Nr. 3920

Band 2
Buch, 160 Seiten, DIN A4
3./4. Schuljahr Best.-Nr. 3919

Band 2
Buch, 186 Seiten, DIN A4
3./4. Schuljahr Best.-Nr. 3921

Begleit-CD
1./2. Schuljahr Best.-Nr. 3922

Begleit-CD
3./4. Schuljahr Best.-Nr. 3923